RÃJA YOGA

Um Curso Simplificado
de
Yoga Integral

Wallace Slater

RÂJA YOGA

*Um Curso Simplificado
de
Yoga Integral*

Tradução
Edvaldo Batista de Souza

Editora Teosófica
Brasília-DF

Título do original em inglês
Rāja Yoga – A Simplified and Practical Course
The Theosophical Publishing House
Adyar, Madras 600 020 - Índia

Direitos Reservados à
EDITORA TEOSÓFICA
SIG - Setor de Indústrias Gráficas, Lote 6, Quadra 1635
70610-460 - Brasília-DF - Brasil
Tel.: (61) 3322-7843
E-mail: editorateosofica@editorateosofica.com.br
Site: www.editorateosofica.com.br

Rāja Yoga - Um Curso Simplificado de Yoga Integral

S631

Wallace Slater

Brasília, 2018
ISBN 978-85-85961-95-4

CDD 181.45

Equipe de Revisão: Ricardo Lindemann, Otávio Ernesto Marchesini e Zeneida Cereja da Silva
Capa e Diagramação: Reginaldo Mesquita
Impressão: Gráfika Papel e Cores - Fone: (61) 3344-3101
E-mail: papelecores@gmail.com

SUMÁRIO

Prefácio 11

Introdução 13
    Oito Passos 14

Lição 1 17

COMPORTAMENTO 1 (Restrição e Disciplina) 17
    Não Violência 19
    Limpeza 20

DISCIPLINA CORPORAL 1 20
    Higiene Pessoal 21
    Relaxamento 23
    Postura de Relaxamento 23

RESPIRAÇÃO 1 24

PRÁTICA DIÁRIA 24

Lição 2 25

COMPORTAMENTO 2 25
    Não falsidade 25
    Contentamento 26

DISCIPLINA CORPORAL 2 26
    Dieta 1 26

RESPIRAÇÃO 2 27
    Prāna 28
    Alento Cósmico ou *Prāna* 28

PRÁTICA DIÁRIA 29

Lição 3 31

COMPORTAMENTO 3 31
    Não roubar 31
    Austeridade 32

DISCIPLINA CORPORAL 3 33
    Posturas 33
    Postura Simples de Pernas Cruzadas 34
    Postura Egípcia 34

RESPIRAÇÃO 3 35
    Respiração Profunda (rítmica) Regular 35

PRÁTICA DIÁRIA 36

Lição 4 37

COMPORTAMENTO 4 37
    Não sensualidade 37
    Autoestudo 38

DISCIPLINA CORPORAL 4 38
    Posturas (continuação) 38

Postura Avançada de Pernas Cruzadas 38
Postura do Lótus 39
Dieta 2 40

RESPIRAÇÃO 4 41
Respiração do Fole 41

RESTRIÇÃO DOS SENTIDOS 1 42
Visão 43
Olfato e Paladar 44

PRÁTICA DIÁRIA 45

Lição 5 47

COMPORTAMENTO 5 47
Não possessividade 47
Devoção a um Ideal 48

RESTRIÇÃO DOS SENTIDOS 2 49
Audição 49
Tato 50

MEDITAÇÃO GERAL 51

CONCENTRAÇÃO 1 53
sobre um Objeto Externo 54
sobre um Objeto Interno 55
sobre uma Ideia 56
Um Lembrete Especial sobre a Concentração 56

PRÁTICA DIÁRIA 57

Lição 6 59

RESTRIÇÃO DOS SENTIDOS 3 59

CONCENTRAÇÃO 2 61
    em uma Caminhada 62
    Pensamento Seletivo 63

MEDITAÇÃO 1 63
    sobre um Objeto Concreto 64

PRÁTICA DIÁRIA 65

Lição 7 67

REVISÃO DOS CINCO PRIMEIROS PASSOS 67

CONCENTRAÇÃO 3 67
    sobre um Centro Oculto 68
    sobre uma Citação ou Mantra 70
    Exemplos de Mantras 72

MEDITAÇÃO 2 74
    sobre uma Virtude 74

PRÁTICA DIÁRIA 75

Lição 8 79

VEÍCULOS DE CONSCIÊNCIA 79

CONCENTRAÇÃO 4 80
    sobre o Eu 80

MEDITAÇÃO 3 81
    sobre uma Citação 82
    sobre o Eu 83

CONTEMPLAÇÃO 1 85
    sobre uma Citação 87
    sobre uma Virtude 88

PRÁTICA DIÁRIA 89

Lição 9 91

CONTEMPLAÇÃO 2 91
    sobre o Eu 92
    sobre o Impessoal 93
    sobre a Unidade 95
    Uma Abordagem Alternativa 96
MEDITAÇÃO PARA AUXILIAR O PRÓXIMO 97
O *RĀJA YOGUE* 99
PRÁTICA DIÁRIA 99

Lição 10 101

REVISÃO E CONSELHO PARA O FUTURO 101
    Comportamento 102
    Disciplina Corporal 102
    Respiração 103
    Restrição dos Sentidos 104
    Concentração 105
    Meditação 105
    Contemplação 109

TÍPICA PRÁTICA DIÁRIA DE *RĀJA YOGA* 110

A SENDA 112

PREFÁCIO

Este curso simplificado de *Rāja Yoga* está baseado na experiência do autor, como instrutor e profundo conhecedor da literatura do *Yoga*. Os livros sobre o assunto apresentam muitos detalhes sobre a filosofia do *Yoga*. Muitos são apenas comentários sobre os *Yoga-Sūtras* de Patañjali, mas não fornecem instruções detalhadas sob a forma de lições. Havia, portanto, a necessidade de um curso prático, graduado para orientação daqueles que não têm um instrutor pessoal. Este livro pode ser o instrutor pessoal, trazendo instruções de forma objetiva e não como sugestões vagas.

O curso foi planejado para durar dez meses, uma lição por mês. A essa velocidade, e seguindo uma lição após outra, o leitor irá absorver o espírito da prática do *Rāja Yoga* com grandes benefícios e de modo quase imperceptível. Levou-se em consideração a pessoa que, mesmo tendo um mínimo de tempo para devotar-se ao tema, deseja aproveitar-se dos seus benefícios, adaptando a prática à sua rotina diária.

Vale sugerir para leitura o livro sobre *Hatha Yoga* denominado *A Simplified Course of Hatha Yoga,* também de minha autoria. Essa forma de *Yoga* está voltada ao controle do corpo físico. O *Rāja Yoga* está direcionado ao controle da mente. Ambas as práticas são valiosas e pode-se começar com qualquer uma das duas, segundo a inclinação natural de cada um. Diz-se que todas as formas de *Yoga* começam com *Hatha* e terminam com *Rāja*.

W. Slater

INTRODUÇÃO

Atualmente o termo 'yoga' é aplicado de maneira generalizada a muitas formas de ascetismo, meditação e treinamento espiritual, quer seja praticado por hindus, budistas ou cristãos. No entanto, o termo é, primariamente, uma antiga forma indiana de disciplina, que foi modificada por escritores indianos mais recentes, adotada pelos budistas e praticada no Ocidente sob muitas formas diferentes por pessoas que professam a fé cristã ou nenhuma fé. É na Índia, portanto, que devemos procurar a fonte original.

Yoga, derivado de yuj, significa 'juntar', 'unir', e, nesse sentido, sua prática é unir o espírito individual do homem ao Espírito Maior de Deus (Īśvara), ou à Superalma da humanidade. Mas, primeiramente, deve haver um desajuntar, separando-se o externo do interno, o mundo profano do mundo do espírito; consegue-se isso por meio das várias práticas de Yoga, que têm por objetivo levar a consciência da periferia para o centro, do mundo material dos nossos sentidos externos para um calmo centro de realidade interior, diferentemente chamado de espírito, verdade, sabedoria, Eu, Ātma. Nesse nível o homem sabe que é uno com toda a humanidade e com o Eterno. O Yoga pode ser também considerado como um processo para se atingir a perfeição, a meta final da evolução normal. Segundo S. Radakrishnan, 'a disciplina do Yoga é nada mais que a purificação do corpo, da mente e da alma, preparando-os para a visão beatífica' (Indian Philosophy).

O retirar da consciência do mundo externo dos sentidos pode ser conseguido pelo controle do corpo físico para abri-lo às energias cósmicas por meio de exercícios físicos e respiratórios (Hatha Yoga); pela concentração sobre os centros psíquicos para despertar a energia cósmica primordial do indivíduo (Laya ou Kundalini

Yoga); por meio da repetição de certas palavras ou frases para firmar a mente (*Mantra Yoga*). Pode também ser conseguido trabalhando-se do centro para a periferia para efetuar a união do superior com o inferior através do controle do pensamento (*Jñāna Yoga*); pelo controle da consciência emocional através da devoção a um ideal (*Bhakti Yoga*); pelo controle das ações a partir de motivos não egoístas (*Karma Yoga*).

Essas e várias formas de *Yoga* podem ser encontradas nas escrituras sânscritas: os *Upanishades*, particularmente o *Yogatattva*, o *Dhyānabindu* e o *Nādabindu*, o *Mahābhārata*, particularmente as partes acrescidas, a *Bhagavad-Gitā* e o *Mokshadharma*, e os *Yoga-Sūtras* de Patañjali.

O *Yogatattva* reconhece quatro tipos de *Yoga*: *Mantra*, *Laya*, *Hatha* e *Rāja*, o *Mahābhārata* baseia seu *Yoga* na percepção direta do aspecto místico da Natureza, com ênfase na pureza, no controle do desejo e da compaixão. Sem sombra de dúvida a *Bhagavad-Gitā* representa o ponto alto da espiritualidade indiana, validando todos os caminhos de união com o Supremo.

O *Yoga* clássico da Índia é o de Patañjali, que foi reconhecido pelos brâmanes como um dos seis sistemas ortodoxos de filosofia (*darśanas*). Esse é o *Rāja Yoga*, e dizem que engloba todos os seis *Yogas* mencionados acima. Foi também chamado de *Yoga* da Vontade e definido como o tratamento mais antigo e mais científico do tema da autotransformação, para o atingimento da união com o Real, o Eterno. Ele desenvolve a vontade através da concentração e da meditação, colocando o sistema nervoso em harmonia com as vibrações superiores.

Oito Passos

Os *Yoga-Sūtras* ou Aforismos de Patañjali estabelecem o sistema de *Rāja Yoga* em oito passos, estágios ou subdivisões (*ashtānga*, literalmente com oito membros), os quais estão tabulados no capítulo II do seu livro, *Sūtra* 29, na ordem a seguir, sendo que aqui apresentamos o termo sânscrito seguido de uma tradução simples ao lado:

1. *Yama*   autorrestrição
2. *Niyama*   autodisciplina
3. *Āsana*   postura
4. *Prānāyāma*   controle da respiração
5. *Pratyāhāra*   controle dos sentidos
6. *Dhāranā*   concentração
7. *Dhyāna*   meditação
8. *Samādhi*   contemplação

As traduções acima são ampliadas com mais detalhes nas lições seguintes.

Os livros geralmente tratam do tema de maneira sequencial na ordem mencionada na página anterior, com o princípio de que cada estágio depende de algum domínio dos estágios anteriores. Cada lição deste curso contém várias subdivisões para permitir ao estudante prosseguir numa cadência firme ao longo de várias linhas de desenvolvimento.

Os dois primeiros estágios consistem essencialmente de uma preparação preliminar essencial ou requisitos prévios, e tratam da moralidade e da ética. Os três seguintes tratam da disciplina do corpo e dos sentidos. Os cinco são, assim, a preparação externa (*bahiranga*).

Os três últimos estágios são internos (*antaranga*) e cobrem todos os aspectos do controle da mente.

As instruções e os exercícios dados neste curso estão agrupados sob cinco diferentes títulos:

Comportamento. Diz respeito às autorrestrições e à autodisciplina, *yama* e *niyama*, e trata particularmente das qualidades éticas e morais exigidas antes que as práticas plenas do *Yoga* possam ser eficazes e até mesmo seguras.

Disciplina Corporal. Esta parte trata das posturas, *āsanas*, usadas para a meditação, mas inclui uma recomendação geral quanto à saúde do corpo pela atenção à higiene pessoal, à dieta e ao relaxamento.

Respiração. Controle da respiração, *prāṇāyāma*.

Restrição dos Sentidos. Controle dos sentidos, *pratyāhāra*, literalmente 'retrair', daí a restrição à mente de seguir as impressões dos sentidos, ou o libertar-se dos sentidos.

Meditação. Essa é a prática mais importante no *Rāja Yoga* e engloba todos os aspectos do controle da mente: da concentração do pensamento (*dhāraṇā*, ou atenção exclusiva a uma ideia), através da meditação (*dhyāna*, ou atenção continuada, levada além do plano da percepção sensorial) até a contemplação (*samādhi*, a realização final ou estado de êxtase). Esse processo triplo é chamado *samyama*, que tem sido traduzido como 'estabilidade'; seu significado literal é 'manter juntos'.

A classificação acima é usada ao longo de todas as lições. O curso pretende ser prático, desenvolver-se lentamente, certificando-se da prática cuidadosa de cada lição antes de seguir adiante.

Termos Sânscritos

Ao longo deste curso foram incluídos termos sânscritos que servirão de auxílio para consultas a outros livros sobre *Yoga*, alguns dos quais usam somente termos sânscritos. Não há, por assim dizer, qualquer necessidade de se preocupar com eles, exceto na medida em que fornecem um significado além da simples tradução. Isso ficará evidente com o prosseguimento do curso.

Lição 1

COMPORTAMENTO 1

O *Yoga* é uma forma de treinamento que deve ser autoescolhida e autoimposta. Se as recomendações forem seguidas de ma-neira conscienciosa, o resultado será surpreendentemente eficaz: um corpo saudável, uma mente unidirecionada, uma intuição desperta.

O aspirante deve estar preparado para alterar seu modo de vida, dispensando a cada dia um pouco de tempo à prática do *Yoga*. É inútil empreender uma prática assim se a pessoa acha que a vida pode continuar exatamente como antes. Portanto, é importante que a pessoa comece com uma consideração sobre seu comportamento natural, particularmente a partir de um ponto de vista moral e ético, porque a prática do *Yoga* pode estimular todas as atividades de nossa vida, e isso se aplica igualmente tanto aos maus quanto aos bons hábitos.

Assim, nossa primeira lição começa com os dois aspectos do comportamento, AUTORRESTRIÇÕES (*yama*) e AUTODISCIPLINA (*niyama*). Em si mesmos eles não constituem o *Yoga*, mas são uma preparação preliminar, essencial para a prática.

A palavra sânscrita *yama* significa literalmente restrição, portanto restrição em relação ao próprio comportamento, autorrestrição. Isso tem sido expressado de muitas maneiras por diferentes autores: abstenção, inofensividade, controle ou autocontrole, contenção, recusa, purificação, evitação. Segundo a tradição existem cinco restrições, que são geralmente expressadas como negações, 'tu não irás':

abstenção de:
1. violência
2. falsidade

3. roubo
4. intemperança, sensualidade
5. ganância

Essas restrições podem ser expressadas positivamente como:
1. disposição para auxiliar, gentileza
2. veracidade
3. retidão, honestidade
4. temperança
5. liberalidade*, generosidade

Niyama significa literalmente irrestrito, mas é interpretado como 'o que se deve fazer', isto é, ação positiva, distinta das restrições negativas de yama, implicando assim no modo como a pessoa deve comportar-se. A expressão mais usual na literatura do Yoga é observância, mas outras interpretações são: cerimônia, ritual, obrigação, hábitos regulares, não recusa. Preferimos usar o termo 'autodisciplina '. Existem cinco disciplinas a serem observadas ou obedecidas:
1. limpeza
2. contentamento
3. austeridade
4. autoestudo (ou estudo da 'sabedoria antiga')
5. devoção a um ideal

Propõe-se neste curso escolher apenas uma autorrestrição e uma autodisciplina em cada uma das cinco primeiras lições. É melhor dar tempo ao tempo para melhorar o comportamento ético e moral da pessoa, em vez de tentar forçar uma melhora geral num curto espaço de tempo para um resultado que há de se tornar um hábito natural de viver. Este método é sempre usado por instrutores de Yoga, e assegura um progresso firme rumo a um resultado que pode ser mantido ao longo de toda a vida.

Este curso oferece uma abordagem prática e simples a cada uma das cinco injunções de comportamento, sem discussão teórica excessiva.

---

* Também traduzível por não possessividade. (N.E.)

Não Violência (*ahimsā*)

Essa é a primeira das autorrestrições. Sua forma elementar é a injunção 'não matarás', mas vai além da interpretação usual desse mandamento e inclui a não matança de vida animal. Inclui também não ferir.

O aspirante deve começar examinando seu comportamento em termos do desejo de não causar dor a nenhuma criatura. O desejo será então transformado em determinação quando o anseio expressar-se em ação.

Assim, para o período de duração desta lição, comece perguntando-se a cada dia se existe a possibilidade de o seu comportamento, por meio do pensamento, palavra ou ação, ferir alguém ou causar dor, quer seja essa dor física, emocional ou mental. Ao final do dia, pergunte-se: 'Fiz alguma coisa que pudesse ferir alguém?', e prossiga: com um pensamento mais positivo: 'Tenho sido gentil e útil aos outros?'

Comece pensando nas pessoas que lhe são próximas: a família, os parceiros comerciais, os negociantes; depois inclua as pessoas que você encontra mas que não conhece, pessoas por quem você passa na rua, os lojistas; finalmente, pense naquelas pessoas que você sequer conhece, mas cujas cartas pode ter que responder, ou a respeito de quem você lê nos jornais.

Prossiga lentamente, dia após dia, até que uma atitude de gentileza torne-se um hábito tal que você não mais precise pensar a respeito. Você não irá falar mal dos outros; não irá julgar mal seus motivos.

Essas sugestões podem parecer tão óbvias a ponto de não se precisar perder tempo e esforço, mas o *Yoga* exige atenção meticulosa aos detalhes.

Os exercícios matinais e noturnos acima se referem somente aos nossos próximos. Nos estágios posteriores, estenderemos aos animais: uma gentileza generalizada em primeiro lugar, e não lhes fazer mal.

Limpeza (*śaucha*)

Essa é a primeira das autodisciplinas. Algumas traduções dos Aforismos de Patañjali limitam as autodisciplinas à limpeza física, ou seja, à higiene pessoal. Essa é apenas a inicial, a externa, e deve ser acompanhada da purificação em todos os níveis, e particularmente da purificação da mente pela prática de muitas virtudes. Aliás, muitos instrutores consideram esse aspecto mental mais importante do que a limpeza corporal.

Limpeza corporal significa o banho pessoal externo, mas inclui também a eliminação de resíduos e impurezas dos órgãos internos: do trato digestivo, dos pulmões, dos dutos nasais, etc., como aparece posteriormente nesta lição sob o título 'Disciplina Corporal'.

Propõe-se, portanto, que os exercícios para essa disciplina sejam sobre o aspecto mental, considerando-se a limpeza externa de todo o corpo como algo normal para o homem civilizado.

Comece o dia, enquanto toma banho, dizendo: 'Pensamentos puros, emoções puras'. Desse modo você irá associar a limpeza do corpo à purificação da mente e das emoções. Prossiga com a determinação de que suas palavras durante o dia serão puras. Isso tudo deve resultar num comportamento que irradia amor e equanimidade universal. A ideia pode ser auxiliada pela ponderação sobre as consequências da pureza mental: deleite da mente, libertação dos pensamentos que corrompem ou aviltam, inocência e amenidade.

DISCIPLINA CORPORAL 1

Esta seção inclui posturas (*āsanas*), o terceiro passo no *Rāja Yoga*. A razão da disciplina corporal vir imediatamente após a disciplina moral e ética (comportamento) deve-se ao fato de ela ser necessária para eliminar quaisquer distúrbios da mente causados pelo corpo físico. Por isso, certas posturas são recomendadas para tornar o corpo insensível ao ambiente e, portanto, menos propenso a impedir a concentração.

Inclusa neste curso está uma ampla preparação do corpo com o intuito de torná-lo totalmente saudável e mais facilmente controlável. As posturas específicas ou assentamentos para o *Rāja Yoga* não serão tratados até a lição 3. A higiene, a dieta e o relaxamento irão preparar o caminho. (Sugestões sobre a dieta são dadas na lição 2).

Higiene Pessoal

A higiene é uma ciência que trata da preservação da boa saúde. Isso significa que a prática da higiene pessoal deve ajudar a evitar a doença. Os médicos reconhecem que essa deve ser a sua primeira responsabilidade, tornando-se a cura da doença secundária somente quando a prevenção tiver falhado. O conhecimento dos princípios de um viver saudável é uma preliminar essencial à prática do *Yoga*.

O conhecimento tal como existe hoje em dia é imperfeito, havendo muita contradição entre as escolas de pensamento. Algumas insistem a respeito de um banho frio ao levantar; outras recomendam banho de vapor quente seguido de forte massagem. Existem cultos favoráveis a períodos de completa nudez, de exposição de todo o corpo ao sol e ao ar livre. Os exercícios recomendados variam de movimentos lentos, graciosos, rítmicos, a um desenvolvimento muscular vigoroso.

As sugestões aqui fornecidas são oriundas da antiga tradição *yogue* e estão baseadas na experiência geral daquelas pessoas interessadas num modo de viver saudável. Porém, deve-se enfatizar que não existem regras universais de higiene; cada indivíduo deve encontrar aquelas que lhe satisfaçam, e isso irá depender de sua própria idiossincrasia: idade, treinamento prévio, peso, hereditariedade, fraqueza constitucional, ambiente e ocupação, e assim por diante. Cada indivíduo deve estudar o modo como melhor possa manter a saúde; um médico pode ser útil, mas, no final das contas, a responsabilidade é de cada um.

O mais importante princípio de higiene é a *limpeza*, e do ponto de vista do *Yoga*, isso deve ser expandido até a eliminação eficiente dos produtos utilizados pelo corpo. Por exemplo, a sujeira não é necessariamente danosa, mas a lavagem regular de todo o corpo é necessária, não apenas para remover a sujeira, mas para manter os poros abertos e remover as impurezas corporais eliminadas através dessas aberturas na pele. Por essa razão, recomenda-se o banho diário: à noite, de preferência de 32°C a 37°C ou mais quente, já que é relaxante; pela manhã, um banho tépido de 18°C a 32°C como um suave estimulante. Alternativamente, um banho de fricção usando-se uma toalha úmida sobre todo o corpo ajudará a pele a eliminar os venenos.

Dentes cariados podem causar dano a todo o corpo. Alimentos adocicados que não precisam ser mastigados podem contribuir para a cárie dental. Portanto, é recomendável escovar os dentes matinalmente e após as refeições.

As aberturas nasais podem ser limpas aspirando-se água morna pelas narinas e expelindo pela boca. Isso deve ser feito de modo suave e não se deve assoar violentamente o nariz, já que isso poderia causar infecção do duto que leva ao ouvido. Problemas da garganta podem melhorar gargarejando-se uma fraca solução de sal comum: uma colher de chá em meio litro de água morna. Essa solução pode ser usada também para o nariz, se apenas a água pura causar desconforto.

A limpeza interna é até mesmo mais importante do que a externa. Deve--se encorajar uma ação regulada dos intestinos estabelecendo-se um hábito rotineiro a uma hora predeterminada, em vez de se usar laxantes. Para a prisão de ventre é melhor usar alimentos que contenham substâncias 'ásperas', ou farelo, ameixas secas, figos ou tâmaras.

Os pulmões podem ser 'limpos' por meio de exercícios respiratórios. O oxigênio do ar faz a limpeza, e portanto deve-se encorajar a respiração profunda para o pleno enchimento dos pulmões. Isso pode ser feito de maneira bastante simples, com caminhadas diárias regulares. Se você for para o trabalho de automóvel ou de transporte público, caminhe uma parte do trajeto.

As sugestões acima são apenas para que o indivíduo organize a sua própria rotina. O ponto importante a respeito da higiene com relação ao Yoga é que ela deve tornar-se um *hábito*, uma rotina de viver. A combinação bem ordenada de hábitos inteligentemente formados pode levar a uma vida na qual possamos exercer nossos plenos poderes sem empecilhos.

Relaxamento

O corpo deve ter períodos regulares de relaxamento. Quando estiver viajando de automóvel ou em algum veículo, não se sente de maneira tensa como se desejasse ajudar o motorista a mover o veículo para diante. Apenas relaxe no assento e deixe o automóvel fazer seu próprio trabalho. Para dormir, use roupa de cama confortável, porém leve.

Postura de relaxamento (*śavāsana*)

Esse é um exercício particularmente usado no *Hatha Yoga*, mas é um acréscimo útil a todas as formas de *Yoga*.

Deite-se de barriga para cima com os pés ligeiramente afastados e relaxe músculo após músculo, da cabeça para baixo, e termine o exercício pressionando cada grupo muscular, também da cabeça até os dedos do pé.

Comece o exercício inspirando e expirando algumas vezes, lenta e profundamente. Depois deixe todo o corpo flácido. Sinta cada grupo muscular relaxar: as pálpebras, a boca, o pescoço, os ombros – e assim por diante, até os dedos dos pés.

Depois siga o mesmo processo, agora pressionando cada grupo muscular.

Finalmente, faça um bom alongamento total.

Faça esse exercício diariamente ao se levantar.

RESPIRAÇÃO 1

É importante em todos os *Yogas* incluir-se algum controle da respiração. No *Rāja Yoga* esse controle não significa reter a respiração por longos períodos, nem inclui os exercícios elaborados de respiração do *Hatha Yoga*. Significa aprender a respirar firme e plenamente, de maneira relaxada.

O exercício a seguir, que será chamado de **Respiração Básica**, deve ser feito diariamente, logo após a postura de relaxamento. Deite-se de costas com as mãos sobre o diafragma, i.e., logo abaixo das costelas. *Inspire* através do nariz de modo suave e tão profundamente quanto possível. Enquanto os pulmões se enchem, pressione o diafragma forçando o ar para a caixa torácica. Encha de ar as partes inferiores, as partes mediana e superior dos pulmões nessa ordem. Depois *expire* tão lentamente quanto inspirou, através do nariz. Ao final da expiração contraia o abdome suavemente.

Faça isso seis vezes, por fim expelindo o ar rapidamente.

PRÁTICA DIÁRIA

Para resumir o trabalho prático dessa lição, fixe 5 a 10 minutos a cada manhã para:

1. pensar a respeito da não violência e da pureza da mente e das emoções: a primeira restrição e a primeira disciplina;
2. a postura de relaxamento;
3. o exercício básico de respiração.

Ao longo do dia aplique os princípios de higiene pessoal.

O curso foi planejado levando-se em conta que cada lição irá durar um mês, mas cada pessoa deve determinar sua própria cadência.

Lição 2

COMPORTAMENTO 2

Não Falsidade (satya)

Essa é a segunda das autorrestrições, 'não mentir'; o significado literal de *satya* é verdade.

No nível da palavra, significa não falar o que sabemos ser falso. Nem iludir os outros inferindo que sabemos algo quando apenas fazemos adivinhações ou suposições dogmáticas. Implica que não faremos julgamentos precipitados. A essa restrição deve-se, no entanto, dar um significado muito mais amplo: ser verdadeiro em pensamento e ação, tanto quanto em palavra.

O aspirante deve começar cada dia estabelecendo para si o ideal da veracidade no seu sentido mais amplo. Comece com o pensamento, 'Serei verdadeiro para comigo mesmo', 'para com o meu Eu Superior'. Pense em termos dos princípios mais elevados de que seja capaz, e determine que seus pensamentos e ações estarão de acordo com esses princípios; ser verdadeiro aos próprios princípios é o mínimo que se pode esperar, mas pelo menos tenha esses elevados objetivos.

Um outro ponto a ser observado é que mentir não se refere apenas à linguagem. Podemos mentir por meio de ações, se essas ações iludirem outras pessoas, levando-as a pensar que fizemos algo que não fizemos e que nem temos a intenção de fazer.

Ao final do dia pergunte-se se você se ateve ao princípio da veracidade. Pode haver a tentação de tentar justificar uma falsidade; nenhum progresso será feito em *Rāja Yoga* se sucumbirmos a tais tentações.

Não devemos enganar a nós mesmos assim como não devemos enganar os outros. Um *yogue* experiente deve ser capaz de dizer que fez o que é melhor para a promoção do que é bom, até onde o seu conhecimento lhe tenha permitido julgar.

Contentamento (santosha)

Essa é a segunda das autodisciplinas: 'Do contentamento surge a felicidade superlativa' (Patañjali II. 42). Não é apenas a aceitação passiva das próprias circunstâncias, e sim uma apreciação ativa das pessoas ao redor, uma apreciação das próprias circunstâncias para poder delas extrair o máximo, mesmo que pareçam frustrantes.

Aqui também, comece o dia pensando a respeito dessa virtude. Tome a determinação de fazer o melhor do que quer que aconteça durante o dia, buscando estar satisfeito tanto com as pessoas quanto com os acontecimentos. Faça uma forte imagem mental de si mesmo como um indivíduo feliz e satisfeito, vendo o lado positivo das coisas, ajudando os outros a fazer o mesmo. Durante o dia lembre-se de sua determinação, sem esquecer que o *Rāja Yoga* é o *Yoga* da vontade, e que, portanto, podemos fortalecer nossa vontade por meio de tal determinação.

As autorrestrições e as autodisciplinas são virtudes sobre as quais muita teoria poderia ser escrita e estudada. Mas esse é um curso prático, e o aspirante deve praticar as virtudes na sua vida diária, e não considerá-las um estudo filosófico.

DISCIPLINA CORPORAL 2

Dieta 1

Aquilo que comemos e bebemos e o modo como o fazemos exerce um efeito profundo tanto no nosso comportamento físico quanto mental. Portanto, é necessário fazer algumas considerações a respeito de nossos hábitos alimentares. As sugestões aqui e na lição 4 devem ser adaptadas a cada indivíduo. Coma com sabedoria, mas não se preocupe tanto com o tema para não se tornar um chato para as outras pessoas e uma preocupação para si mesmo. O alimento deve ser nutritivo, e não rico demais ou superelaborado. Coma lentamente, para que os sucos digestivos possam trabalhar; a digestão começa na boca. Não coma imediatamente antes ou imediatamente após os exercícios; se você precisa dar uma caminhada até o lugar onde fará a sua refeição, descanse um pouco antes de alimentar-se. De modo semelhante, lembre-se de que o alimento não é digerido de maneira apropriada quando ingerido sob estresse emocional ou mental. Por esta razão, ouvir música durante a refeição pode ser útil, e isso se aplica especialmente quando se come sozinho.

Não viva para comer, mas coma para viver. Portanto, o alimento deve ser simples, nutritivo e calmante, não deixando qualquer sensação de peso após a refeição.

Para beber, sucos de frutas são os melhores, e definitivamente nenhum álcool deve ser ingerido. O chá deve ser recentemente preparado e não deve ser muito forte. O café não deve ser ingerido tarde da noite por ser muito estimulante. O leite, se tomado como bebida, deve ser sorvido e tratado como alimento.

É melhor não beber durante as refeições, mas aproximadamente uma hora antes ou depois. Portanto, cada pessoa deve decidir o que melhor lhe convém. Deve-se evitar particularmente comer e beber 'ao mesmo tempo', isto é, lavar o alimento com um líquido.

RESPIRAÇÃO 2

Um exercício básico de respiração foi dado na lição 1. É necessário entender por que o controle da respiração (*prānāyāma*) desempenha um papel importante em todas as formas de Yoga. Em algumas formas é levado a extremos para que o ritmo natural automático seja trazido sob o controle da vontade, que impõe variações conscientes, inclusive a habilidade de se reter a respiração durante longos períodos de tempo.

No *Rāja Yoga*, o controle da respiração está limitado à harmonização do ritmo a uma cadência lenta e firme que pode ser levada adiante pelos processos automáticos do corpo sem qualquer esforço da vontade. O seu objetivo é purificar o sangue, alimentar os nervos, e auxiliar no controle da mente, produzindo assim serenidade e calma interior.

Prāna

Prāna literalmente significa respiração, mas é usado com o sentido de princípio vital em todos os níveis de consciência: ação, sentimento e pensamento. *Āyāma* é restrição, e assim *prānāyāma* significa restrição, ou controle da respiração, daí o controle das forças vitais em todos os níveis.

Segundo a tradição oculta, à medida que inspiramos, absorvemos o alento cósmico do Espírito Universal. No nível físico, o sistema nervoso é estabilizado e acalmado para que as correntes vitais fluam harmoniosamente. No nível mental, a mente é liberada dos distúrbios externos para que possa tornar-se um canal para a Vida Cósmica. Isso leva ao controle da mente, controle do princípio pensante, pelo princípio mais elevado do homem, a vontade (*Ātman*), às vezes chamado de Ego.

Alento Cósmico ou *Prāna*

Com o suporte acima, pratique a *respiração básica* dada na primeira lição, mas enquanto inspira, pense em todo o corpo como estando cheio de força vital, uma força que proporciona saúde. Ao mesmo tempo tente sentir um campo de força circundante que se estende além do corpo físico; esse campo foi chamado de 'duplo etérico', 'atmosfera psíquica', ou aura.

Quando expirar, pense na eliminação das impurezas para que o corpo com sua aura comece a sentir um senso de pureza. Então deixe que sua consciência repouse no nível mental, libere a mente de sua agitação incessante, aquiete a atividade constante da mente e sinta-se calmo e sereno.

PRÁTICA DIÁRIA

Para resumir o trabalho prático desta lição:

1. Com relação ao 'comportamento', pense apenas a respeito da não falsidade e do contentamento. Não tente incluir as duas injunções de comportamento dadas na lição 1, uma vez que é melhor concentrar-se nas duas vistas nesta lição.
2. A postura de relaxamento (lição 1).
3. A respiração básica, conforme a lição 1, com o pensamento adicional associado, como é dado nesta lição.

Lição 3

COMPORTAMENTO 3

Não roubar (*asteya*)

Essa é a terceira das autorrestrições, não pegar propriedade alheia furtivamente ou à força, não roubar. No nível mental isso também significa não cobiçar.

Tal como as outras injunções, deve-se dar a essa um significado bastante amplo. 'Não cobiçarás'. Primeiramente é o desejo de possuir o que outras pessoas têm que leva alguém a se apossar de fato do que pertence aos outros. Mas o mero pensamento de cobiçar o que as outras pessoas têm perturba o equilíbrio emocional e mental da pessoa. Faz com que ela se sinta insatisfeita, invejosa. O roubo verdadeiro, se acontecer, é um mero subproduto do pensamento original.

O *yogue* reduz suas necessidades físicas às posses que possa usar, e mesmo essas ele retém sem sentido de posse. Ele não adquire coisas simplesmente para possuí-las, mas apenas se verdadeiramente delas necessita. Ele sente prazer em ver as outras pessoas desfrutarem de suas posses, e faz isso sem qualquer senso de inveja.

A renúncia é um outro aspecto desta injunção. Se não cobiçamos as posses de uma outra pessoa, podemos igualmente abrir mão de nossas próprias posses. Isso inclui livrarmo-nos dos desejos: desejo de poder, de prazer, de excitação, de poderes ocultos. A *Bhagavad-Gītā* inclui aqui a 'renúncia aos frutos da ação'.

É pouco provável que alguém que esteja começando a praticar o *Yoga* seja tentado a roubar no sentido mais grosseiro. Assim, para ser prático, concentre-se no desenvolvimento de um estado de mente livre de cobiça. Comece o dia pensando que aquilo que você possui é mantido sob custódia para o trabalho que você tem que realizar. Você irá usar suas posses a serviço do próximo, ficando feliz em saber que outras pessoas podem desfrutar de suas posses. Ao final do dia pergunte a si mesmo se, de algum modo, sentiu-se insatisfeito em ver outras pessoas aparentemente 'em melhores condições financeiras' que você no que diz respeito a bens mundanos. E então compreenda que todas as posses mundanas são simplesmente temporárias, não pertencem ao espírito.

Austeridade (tapas)

Essa é terceira das autodisciplinas. A palavra sânscrita *tapas* vem do verbo *tap* que significa 'aquecer' ou 'queimar'. Assim, significa ter um desejo abrasador para atingir a meta, e a prontidão de se submeter à autodisciplina para esse propósito. Tem sido traduzida como devoção. Austeridade implica ascetismo, mas é melhor pensar na austeridade como ardor; isto é, ser um asceta somente no sentido de estar preparado para sofrer autoprivações com o objetivo de atingir um resultado desejado, tal como um atleta priva-se de certos prazeres no seu treinamento.

Essa disciplina leva particularmente ao desenvolvimento da força de vontade, a determinação em ser bem-sucedido e, em *Yoga*, à prática diária regular, sem desculpa ou reclamação, de toda disciplina recomendada.

A austeridade desenvolve a força de caráter, a coragem moral, um corpo bem disciplinado, uma mente equilibrada na alegria ou na dor.

Aqui estão dois exercícios que ajudarão a estabelecer essa qualidade no futuro *yogue*:

1. Tome a decisão de, durante um certo período, passar sem alguns prazeres, tais como açúcar no chá, doces, biscoitos. Isso dará uma sensação de satisfação de que não se é escravo do hábito.

2. Tome a decisão de, durante alguns dias, levantar-se mais cedo do que o habitual. Estabeleça a hora e depois a mantenha. Use um despertador se necessário, mas quando ele despertar, saia da cama imediatamente sem hesitação.

Você pode pensar em outros exercícios; a ideia é decidir-se a fazer algo que seja um ato definido de vontade para superar sua inclinação natural.

DISCIPLINA CORPORAL 3

Posturas (*āsanas*)

Āsana significa um assento, mas em Hatha Yoga inclui uma ampla gama de exercícios físicos como se fossem posturas para curvar e esticar o tronco e os membros. Em *Rāja Yoga* preocupamo-nos apenas com as posturas que podem ser usadas quando em meditação, isto é, posturas sentadas.

Durante a meditação é importante eliminar qualquer distúrbio que o corpo possa causar à mente. A postura deve ser de tal ordem que possa tornar o corpo insensível ao ambiente.

A postura mais natural para a forma humana é sentar-se com as pernas cruzadas sobre o chão ou sobre uma almofada, e na Índia e em muitos outros países esse é o costume regular. Nos países ocidentais as crianças fazem isso naturalmente, mas à medida que crescem e usam cadeiras, os seus membros perdem a elasticidade necessária.

Oferecemos três posturas de pernas cruzadas àqueles que desejem tentá-las, mas é mais importante usar uma postura confortável do que forçar uma desconfortável. O detalhe importante é que a coluna deve permanecer ereta e livre, numa postura mais próxima da horizontal possível. O tronco deve estar numa posição que permita uma respiração fácil. A postura com a posição onde se usa uma cadeira foi introduzida para os estudantes ocidentais, que não conseguem sentar-se com as pernas cruzadas: a isso demos o nome de postura egípcia.

Postura Simples de Pernas Cruzadas (*sukhāsana*)

Esse é o 'assento agradável'.

Sente-se sobre um tapete com as pernas estendidas para frente. Dobre a perna esquerda na altura do joelho e coloque o pé esquerdo sob a coxa direita, a sola do pé virada para cima, com o joelho esquerdo tão próximo do chão quanto possível. Não se preocupe se o seu joelho não conseguir tocar o chão.

Agora dobre a perna direita na altura do joelho e coloque o pé direito sob a perna esquerda, com a sola voltada para cima. Observe que para esta postura simples o pé direito fica sob a perna esquerda, não sob a coxa esquerda. Os joelhos provavelmente ficarão de 10 a 15 cm do chão.

Mantenha o corpo ereto e estique os braços de modo a repousar as costas dos punhos sobre os joelhos.

Algumas pessoas preferem inverter a ordem, isto é, colocar o pé direito sob a coxa esquerda no primeiro movimento.

A descrição acima é bastante detalhada. Se for mais fácil para você sentar-se no chão com as pernas cruzadas, então ignore essas instruções e simplesmente assuma a posição mais confortável para si, desde que mantenha o corpo ereto.

A posição das mãos é como que para uma 'meditação aberta'. Para uma 'meditação fechada' as mãos podem repousar uma sobre a outra com as palmas voltadas para cima, ou com os dedos entrelaçados.

Postura Egípcia

Essa postura não é encontrada na tradição indiana, mas foi introduzida no curso para benefício de estudantes ocidentais e de estudantes mais idosos.

Sente-se naturalmente numa cadeira aprumada, com ou sem almofada. Mantenha os pés e as pernas ligeiramente afastados e a coluna ereta. É preferível não se recostar na cadeira, deixando que as mãos deem qualquer suporte que se faça necessário. As mãos podem estar com as palmas voltadas para baixo ou para cima sobre as coxas, ou uma repousando sobre a outra. Ou podem estar entrelaçadas, com as palmas voltadas para cima. A cabeça deve estar ereta, sem se projetar para frente.

A altura da cadeira é importante. Deve ser tal que os pés repousem firmemente sobre o chão com as coxas na horizontal. Se a cadeira for demasiadamente alta, o assento irá pressionar o nervo ciático e causará desconforto, podendo parar o fluxo sanguíneo. Se for baixa demais, poderá causar cãibra e contrações nos músculos da coxa.

RESPIRAÇÃO 3

Respiração Profunda e Regular (rítmica)

Sente-se na postura simples com as pernas cruzadas ou na postura egípcia, inspire e expire firmemente pelo nariz, mantendo um ritmo regular – isto é, o mesmo tempo tanto para a inspiração quanto para a expiração. A ideia é evitar a marcação irregular do tempo. Se você cronometrar o tempo, provavelmente irá descobrir que inspira durante 2-3 segundos e depois expira durante 2-3 segundos. Isso equivale a 12-15 inspirações por minuto; você irá descobrir que respira de 15 a 18 vezes por minuto.

A respiração da maioria das pessoas é superficial e irregular. Sua primeira tarefa é torná-la regular, e depois profunda. Respiração profunda significa um ritmo mais lento, por isso comece expandindo o tempo para a inspiração até 4 segundos, e para a expiração até 4 segundos. Depois passe para 5, depois para 6, e finalmente para 7 segundos, tendo uma taxa respiratória final de apenas 4-5 por minuto.

Rāja Yoga | 35

Porém, proceda lentamente, não tente chegar à taxa final em uma única sessão; despenda vários dias ou até mesmo semanas. É mais importante estabelecer uma respiração firme, regular e rítmica com a sua taxa natural do que tornar a taxa mais lenta. Não há necessidade de se usar relógio para medir o tempo; simplesmente conte um, dois, três – lentamente.

A ideia de respirar mais lentamente é para os seus períodos de meditação e não para o uso regular.

PRÁTICA DIÁRIA

Para resumir a prática diária desta seção:

1. Quanto ao 'comportamento', prossiga com o não roubar (não cobiçar) e com a austeridade, tal como procedeu com as injunções de comportamento nas lições 1 e 2, isto é, tomando uma resolução pela manhã e relembrando no final do dia.
2. A postura de relaxamento.
3. A respiração básica como foi dada na lição 1 e *sem* as ideias adicionais dadas na lição 2. Essas ideias adicionais a respeito do *prāna*, absorção da força vital durante o exercício respiratório, devem agora ser usadas somente quando fizer exercícios respiratórios em uma das posturas onde a coluna permaneça ereta.
4. Experimente as posturas simples com as pernas cruzadas e a egípcia, para decidir qual irá adotar, depois pratique a respiração profunda e regular como foi apresentado nesta lição, usando a postura que você escolheu.

Lição 4

COMPORTAMENTO 4

Não sensualidade (*brahmachārya*)

Essa é a quarta das autorrestrições, não ser sensual. Ou colocando-se como uma injunção, exercer autorrestrição em todas as coisas, mas especialmente com relação ao apetite sexual. A maioria dos livros de *Yoga* traduz a palavra *brahmachārya* como 'castidade em pensamento, palavra e ação', celibato ou abstinência sexual. É um termo derivado de *brahma*, Alma Suprema, e *charya* que significa atos externos de adoração. Assim, a combinação de palavras significa literalmente adoração ao Ser Supremo e é portanto mais corretamente interpretada como uma 'vida de santidade, especialmente a qualidade religiosa do estudante' (ou provação) (*A Sanskrit Primer*, E.D. Perry, Columbia Univ. Press, 1936). O seu significado amplo é portanto uma vida de estudo sagrado, uma devoção à sabedoria e ao aprendizado divinos (*Sanskrit Keys to the Wisdom Religion*, Judith Tyberg, Point Loma, 1940). Uma tradução simples é 'conduta espiritual' (*Yoga*, Ernest Wood, 1959).

O que é dito acima explica por que livros avançados sobre *Yoga* assinalam que essa autorrestrição é um estado mental que tem pouco a ver com o fato de se ser casado ou não. Dizem que quase todos os *yogues* da antiga Índia eram homens casados com filhos, que não negligenciavam suas responsabilidades sociais.

Assim, ao praticar essa autorrestrição pense nela como autocontrole em todas as coisas. Seja moderado ao comer, nas relações sexuais, ao se deslocar, nas expressões emocionais, em pensamento. Evite excessos de todo tipo. Seja gentil na ação e na fala. Um comportamento assim irá preparar o aspirante para a prática subsequente da meditação avançada, e ele irá, ao mesmo tempo, ser uma influência para a paz ao seu redor.

Ao longo do dia leve consigo estes pensamentos como pano de fundo, usando as palavras-chave: temperança, moderação, gentileza.

Autoestudo (*svādhyāya*)

Essa é a quarta das autodisciplinas. *Sva* como prefixo significa 'própria'; *adhyāya*, repetir, pensar ou ponderar. A palavra completa significa 'pensar a respeito de si mesmo', introspecção no sentido de vir a conhecer o próprio caráter, a própria força, as próprias fraquezas.

Despenda algum tempo a cada manhã estudando sua própria natureza como algo distinto do estudo do mundo exterior. Quem é você? Qual é o seu lugar no mundo e o que o mundo espera de você? Quais são as suas fraquezas e como você pode corrigi-las? Você consegue distinguir o eu do Eu; o primeiro associado ao egoísmo, o último à abnegação?

DISCIPLINA CORPORAL 4

Posturas (continuação)

As posturas para meditação a seguir são fornecidas aos estudantes avançados e àqueles que consideram fácil sentar-se com as pernas cruzadas. Não importa se você não consegue praticá-las – elas servem mais como referências.

Postura Avançada de Pernas Cruzadas (*siddhāsana*)

Esse é 'o modo de sentar do Adepto'.

Comece como se fosse fazer uma posição de pernas cruzadas simples. Dobre o joelho esquerdo e, com a ajuda da mão direita, coloque o calcanhar esquerdo sob o centro da pélvis (períneo). A sola do pé esquerdo estará então tocando o lado de dentro da coxa direita.

Agora dobre o joelho direito, suspenda o pé direito por sobre a perna esquerda e ajuste os dedos dos pés confortavelmente na abertura entre a batata da perna e a coxa da perna esquerda.

A posição é semelhante à postura simples, porém mantida com maior firmeza, e com os joelhos definitivamente repousando sobre o chão. O pé direito fica mais elevado, sua superfície superior repousando invertida sobre a batata da perna esquerda.

As mãos são agora geralmente mantidas juntas, com as palmas para cima, a direita sobre a esquerda.

Postura do Lótus (*padmāsana*)

Padma é o lótus, daí a posição de lótus. É a mais difícil e não é considerada adequada para os ocidentais. Você pode, no entanto, querer saber como ela é feita caso seja suficientemente jovem para tentá-la. Em poucas palavras, os pés são puxados para cima para que suas superfícies repousem sobre as coxas.

Comece com as pernas esticadas para frente. Dobre o joelho esquerdo e traga o calcanhar para sob o centro da pélvis como se fosse fazer a postura avançada. Depois traga o pé direito por sobre a coxa esquerda numa posição invertida. Assim a sola do pé esquerdo repousa contra o lado inferior da coxa direita, enquanto a parte de cima do pé direito repousa sobre a parte superior da coxa esquerda. Essa é a forma simples da postura de lótus.

Para a postura plena de lótus, o pé esquerdo é puxado entre a batata da perna e a coxa da perna direita de modo que a parte superior de cada pé repouse sobre a parte superior da coxa oposta.

As mãos então repousam sobre os joelhos. A posição oficial é manter as palmas das mãos voltadas para cima, com o polegar e o indicador formando um círculo, mas muitas pessoas preferem manter as palmas voltadas para baixo sobre os joelhos ou as coxas.

Dieta 2

Sugestões gerais sobre dieta foram dadas na lição 2. Observe-se que a maioria dos *yogues* segue uma dieta vegetariana, isto é, não come carne, peixe ou frango. As sugestões a seguir são dadas para aqueles que desejam adotar essa prática.

Como regra geral deve-se preferir alimentos naturais a alimentos processados, mas algumas pessoas não conseguem digerir saladas após o almoço. Mel, leite, verduras e frutas frescas formam uma boa base, e proteínas tais como soja, queijos, legumes ou nozes devem ser ingeridas com moderação e de maneira adequada.

As poucas sugestões a seguir são para os recém-chegados à dieta vegetariana. Uma alimentação mais adequada ainda pode ser obtida adicionando-se soja, um pouco de queijo grelhado ou nozes moídas a um prato de legumes ou salada. Existem agora à disposição do público muitos livros de receitas que ensinam refeições simples sem carne, e experimentar alguns desses pratos pode ser a abertura do caminho para uma dieta surpreendentemente interessante, sem muito trabalho.

Com relação à proteína, deve-se tentar encontrar que tipos satisfazem as idiossincrasias gástricas de cada um. Tente soja, queijo, nozes, grãos (ervilhas, feijões, lentilhas) ou proteína de trigo (glúten) para descobrir aquelas que são mais facilmente digeríveis.

O uso de extratos de levedura ou de legumes acrescenta um sabor picante a muitos pratos. Qualquer pessoa que esteja começando uma dieta sem carne deve procurar comer alimento bastante saudável sem ter que despender muito tempo no preparo. Acima de tudo, tente não comer alimento insípido. Pão, queijo e um tomate podem prover bastante valor nutritivo, mas não iriam prover uma vida vigorosa, saudável, se ingeridos com muita frequência.

RESPIRAÇÃO 4

Na lição 1 foi apresentada a 'respiração básica' para aumentar a capacidade pulmonar, ou melhor, para assegurar que os pulmões fossem usados em sua plena capacidade. Isso foi feito deitando-se de costas.

Na lição 2 você aprendeu como associar as correntes de vida cósmica à sua respiração, e na lição 3 recebeu instruções de como respirar regular e profundamente durante a meditação. Foi sugerido que a recomendação sobre *prāna* ou respiração cósmica deveria ser usada com a respiração profunda da lição 3.

Isso completa o que é necessário com relação aos exercícios respiratórios para o *Rāja Yoga*. Porém, algumas escolas de *Rāja Yoga*, tais como a de *Shankarāchārya*, recomendam um outro exercício: respirar alternadamente pelas narinas como explicado a seguir.

Respiração do Fole (*bhastrika*)

Pode ser praticada com a postura egípcia ou com qualquer das três posturas de pernas cruzadas. A mão esquerda deve repousar sobre o colo, com a palma para cima.

Use a mão direita para controlar as narinas, o polegar* sobre a narina direita e o terceiro dedo sobre a narina esquerda.

Prepare-se *expirando através da narina direita*, fazendo uma leve pressão com o dedo para fechar a narina esquerda. Depois *inspire através da narina direita*. Então *expire através da narina esquerda* seguida da *inspiração pela esquerda*, depois *expirando* pela direita.

A contagem do tempo deve ser razoavelmente rápida, mas plena. Leve o dobro do tempo para expirar do que para inspirar.

O ciclo completo deve ser repetido três vezes, perfazendo seis respirações, assim:

---

* Algumas tradições preferem usar os dedos polegar e anular respectivamente. O autor parece fazer uma adaptação da técnica de respiração alternada (*nādi shodana*), que usualmente começa com a expiração pela narina esquerda, e depois segue alternadamente. (N.E.)

Expiração direita,
inspiração direita, expiração esquerda,
inspiração esquerda, expiração direita,
inspiração direita, expiração esquerda,
inspiração esquerda, expiração direita,
inspiração direita, expiração esquerda,
inspiração esquerda, expiração direita.

Deve-se considerar o exercício acima como suplementar e não necessariamente como parte do treinamento de *Rāja Yoga*. É dado como questão de interesse e porque algumas pessoas poderiam querer experimentá-lo.

Os exercícios respiratórios ajudam na meditação porque eliminam as perturbações causadas pela respiração irregular e acalmam os nervos. Segundo a tradição hindu, o verdadeiro propósito desses exercícios é auxiliar o fluxo de força vital, *prāna*, da lição 2, a produzir a aproximação da consciência do plano físico com a vida dos princípios superiores. Assim, esses exercícios preparam a mente para as práticas meditativas, que constituem a parte principal do *Rāja Yoga*.

O valor peculiar da respiração de fole é que ela direciona o *prāna* para os centros ocultos do corpo, mas isso diz mais respeito ao *Laya Yoga* (ver Introdução).

RESTRIÇÃO DOS SENTIDOS 1
(*pratyāhāra*)

Esse é o quinto passo da tradição do *Rāja Yoga* (ver Introdução) e é a preparação final para a meditação. A palavra sânscrita é derivada de *prati*, posterior, e *āhr*, trazer; assim, a totalidade da palavra significa 'trazendo de volta', ou retirada.

Às vezes é traduzida como abstração, como quando dizemos 'ele parecia estar longe', implicando que ele estava absorto em seus pensamentos, ou que não estava prestando atenção, que estava distraído. Isso dá alguma ideia do significado completo, ou seja, que a mente retira-se do mundo externo, dos objetos dos sentidos. Somos dominados pelo mundo externo através dos nossos sentidos. Restringir os sentidos é libertar-nos dessa dominação.

A respiração firme (*prānāyāma*) prepara para o controle dos sentidos porque elimina o comportamento irregular, isto é, o comportamento que irrita o corpo e encoraja a mente irrequieta, levada daqui para ali pelos impactos dos sentidos sempre em mudança.

O treinamento para esse estágio do *Yoga* é aprender a controlar (restringir) os órgãos dos sentidos para que deixem de perturbar a mente por meio do estímulo constante a partir do mundo exterior.

Rāja Yoga é o *Yoga* da vontade, e portanto temos que trazer nossos sentidos sob o controle da vontade antes de seguirmos para o próximo estágio, a concentração que leva à meditação.

Essa exigência será prontamente entendida por qualquer estudante. Nenhum assunto pode ser estudado de maneira apropriada, nem mesmo a leitura de um romance, se a pessoa estiver constantemente ouvindo outras pessoas ou olhando pela janela para ver o que está acontecendo.

Nesta lição começamos com os sentidos da visão, do olfato e do paladar.

Visão

Olhe ao redor e compreenda as maravilhas da visão. Através dos olhos você viaja para fora do corpo até o distante horizonte. Viaja através do espaço até as estrelas.

Agora deixe seus pensamentos afastarem-se daquilo para o qual você olhou, abstraia-se, permita-se devanear. Mantenha os olhos abertos o tempo todo, mas pare de prestar atenção no que eles veem.

Você terá experienciado essa abstração consigo mesmo e com outras pessoas quando, por exemplo, esteve tão preocupado que não notou o que uma outra pessoa no aposento estava fazendo. Alguém pode até mesmo ter removido algo da mesa à sua frente e você não notou.

Então feche os olhos e sinta a experiência de 'simplesmente ser a mente'. Você está agora vivendo no mundo mental. Os olhos da mente agora só veem o que está na mente.

A esta altura pense numa qualidade tal como gentileza, tolerância ou sinceridade. Você está agora 'olhando' com os olhos da mente para algo que é tão interno que sequer é a memória de uma visão externa.

Então abra os olhos e novamente olhe ao redor.

Esse exercício terá demonstrado como a autorrestrição, no que diz respeito à visão, pode preparar a pessoa para usar a mente *no seu próprio nível*.

Olfato e Paladar

Comece, tal como fez com a visão, experienciando aromas agradáveis (um perfume, por exemplo) e sabores deliciosos (saboreie algo de que realmente gosta). Uma maneira de pôr ambos os sentidos em atividade é cheirar o alimento que está sendo cozido.

Então, enquanto o aroma e o sabor ainda estão presentes, pense em algo bastante diferente, algo pelo qual você se interessa tanto que sua atenção é afastada do perfume, do sabor, ou do alimento. Por exemplo, pense num feriado muito feliz que você passou, ou numa peça de teatro que assistiu, ou em algo muito agradável que vai fazer amanhã.

Se for bem-sucedido, você terá esquecido tudo a respeito do aroma ou do sabor. Você está novamente no mundo do pensamento.

Como variante você pode pensar a respeito de um aroma bastante diferente, digamos incenso, ou um sabor diferente, e deixar que a memória disso elimine o verdadeiro sabor ou aroma que o seu sentido físico está experienciando.

Existem muitas maneiras de se exercitar a vontade para restringir estes dois sentidos. Experimente por si mesmo, compreendendo que esse é apenas um passo rumo à concentração mental, que iremos começar na próxima lição.

Sânscrito
Na Introdução foi assinalado que os termos sânscritos seriam introduzidos para propósitos de referência. Pode-se agora compreender o quão valiosos foram. Examinando-se a raiz que é a origem dos termos e seus significados sutis, fomos capazes de formar uma ideia mais clara da intenção original dos vários aspectos da prática do *Yoga*.

PRÁTICA DIÁRIA

Os exercícios para essa lição devem ser:

Comportamento. Consideração sobre a não sensualidade (temperança) e o autoestudo (conhecimento de si mesmo) em linhas semelhantes às recomendadas para as injunções de comportamento nas lições anteriores.

Disciplina Corporal. Postura de relaxamento.

Respiração.
(a) Respiração básica.
(b) Respiração rítmica e regular, aumentando o tempo para cada respiração e usando a postura escolhida.
(c) Respiração de fole, se você gosta de experimentar este exercício.

Restrição dos Sentidos. Controle dos sentidos da visão, do olfato e do paladar.

Lição 5

COMPORTAMENTO 5

Chegamos agora às últimas das autorrestrições e autodisciplinas, cinco de cada. No total perfazem dez injunções para o comportamen-to. Para o período desta lição concentre-se nas duas que são dadas aqui. Portanto, pede-se para manter todas as dez na mente como um código de comportamento. Elas não são o *Yoga*, por assim dizer, mas são uma preliminar necessária.

A prática de *Rāja Yoga* fortalece a força de vontade e essa pode ser usada para fins egoístas tanto quanto para fins altruístas. É por essa razão que os antigos instrutores insistiam nessa ética preliminar e na disciplina moral. A disciplina moral em si testa e fortalece a força de vontade do aspirante, assegurando então que o fortalecimento desse poder não acarretará fins egoístas ou desequilíbrio da personalidade individual. Nos tempos antigos, os aspirantes não recebiam os últimos estágios até que o instrutor (guru) se satisfizesse de que conseguiam obedecer às restrições e observar as disciplinas.

Após esta lição, você pode querer estabelecer uma rotina mental a respeito de uma injunção diferente a cada mês. Lembre-se, no entanto, de que essas dez injunções são apenas exemplos para o bom comportamento. O *yogue* não limita sua conduta, mas reconhece que pela eliminação das formas mais rudes das tendências más ele irá tornar-se perceptivo das formas mais sutis a serem erradicadas posteriormente.

Não possessividade (*aparigraha*)

Essa é quinta das autorrestrições, não ser ganancioso, não ser avarento. A palavra sânscrita deriva-se de *graha*, agarrar ou arrebatar, e *pari*, a toda volta; o 'a' compõe a negação, 'não'. Foi traduzida como não acumular, ou não juntar. Portanto é um outro aspecto de não roubar ou de não-cobiçar. Não roubar é não se apossar daquilo de que não se precisa; não aquisição é não acumular aquilo de que não se precisa.

Essa autorrestrição foi elaborada para incluir a não aceitação de qualquer coisa pela qual não se tenha que trabalhar, não se aceitar favores, não ser apegado às posses, não acumular bens.

Por meio dessa restrição, a vida torna-se simples. Jamais há qualquer sentimento de descontentamento devido à falta ou perda de qualquer coisa. Sem sugerir que se deva esperar qualquer recompensa (aliás, tal coisa seria bastante contrária à prática do *Yoga*), pode-se dizer que muitas pessoas que seguem o *Yoga* descobrem que tudo de que *realmente* necessitam chega até elas justamente quando precisam. Alcançam um estado de mente que se satisfaz com o que quer que aconteça, porque possuem um senso de segurança interior.

Para a consideração matinal dessa restrição, pense que não é aquilo que possuímos, mas o modo como usamos aquilo que temos que é realmente importante. Assim, tome a determinação de usar o que possui para ajudar os outros, quer essas posses sejam bens, habilidades ou qualificações. Não estamos aqui para satisfazer nossos próprios desejos.

Devoção a um Ideal (*Īsvara pranidhāna*)

Essa é a quinta das autodisciplinas: *Īsvara*, Deus ou o Senhor; *pranidhāna*, devoção incessante ou autoentrega. O *Yoga* é teísta e postula a existência de um Deus supremo, *Īsvara*, mas esse não é um deus pessoal. *Īsvara* significa o governante, e é aplicado ao senhor de qualquer hierarquia, inclusive aos princípios do homem. Assim, o termo não apenas se refere ao Ser Supremo do universo, mas também ao Eu divino do homem, o Espírito Cósmico no homem (*Ātman*), seu mais elevado princípio.

A disciplina, portanto, tem sido expressada amplamente como devoção a um ideal. Os teístas podem preferir a expressão 'atenção a Deus'. E outros podem preferir 'entrega ao seu próprio Eu Superior'. A implicação desses três modos de expressar essa autodisciplina é: uma aceitação de que a mão de um dirigente supremo está em qualquer evento, quer seja esse dirigente um Deus ou o Eu interno da pessoa; uma aceitação de toda experiência sem ressentimento; ver o bem em tudo; uma plena atenção aos mais elevados ideais; o desaparecimento do eu no bem da totalidade e a dedicação de todas as ações à divindade interior.

Na prática matutina, como, por exemplo, durante o exercício respiratório, faça um ato de dedicação. Dedique-se ao mais elevado de que seja capaz, reconheça que existe um propósito por trás da manifestação e sinta-se preparado para aceitar o que quer que o dia lhe possa trazer.

RESTRIÇÃO DOS SENTIDOS 2

Audição

Esse sentido não é tão fácil de desligar quanto a visão. Certamente que podemos desligá-lo tapando os ouvidos, mas esse não é o modo natural de desligar. Restrição dos sentidos significa que atraímos a atenção para longe do órgão do sentido, enquanto esse órgão ainda está exposto aos impactos do mundo exterior. Na lição 4, vimos como isso podia ser feito com a visão, mesmo com os olhos abertos.

Para a audição, simplesmente sente-se de maneira confortável e ouça os sons à sua volta: o relógio, os pássaros, o vento, as pessoas do lado de fora, um avião. Quanto mais aquietados estivermos, como no meio da noite, tanto mais alto parecerão os ruídos; começamos então a ouvir sons que jamais notáramos antes. Permita-se desfrutar as maravilhas da audição.

Então decida que esses sons não mais irão ativar seus pensamentos. Eles não são importantes. Deixe-os fluir para você em grande número, sem tentar escolher ruídos individuais.

Lembre-se de pôr o foco da atenção sobre algum som de que você gostou: a música, o mar. Os sons locais então diminuirão de intensidade, passando para o segundo plano.

A essa altura permita que a mente ouça aquela voz interior, a 'voz do silêncio' que fala sem som. Sinta-se 'em sintonia com o infinito'.

Depois de algum tempo retorne à consciência; lentamente permita aos ouvidos captar os sons locais mais uma vez.

Um outro exercício útil sobre o controle do som é ouvir uma orquestra e escolher instrumentos particulares: os violinos, os flautins, ou os trombones. Ou num aposento cheio de pessoas escolha apenas uma e ouça o que ela diz.

Se a mente pode eliminar dez sons simultaneamente e prestar atenção apenas ao décimo primeiro, então ela deve também ser capaz de suprimir todos os onze sons simultaneamente e prestar atenção apenas aos seus próprios pensamentos internos.

Colegiais são com frequência vistos fazendo trabalhos de casa no ambiente familiar, e parecem capazes de ignorar a conversa à sua volta. Veja se você consegue fazer o mesmo.

Tato

Os cinco sentidos foram escolhidos naquilo que foi considerado como a ordem segundo a qual são fáceis ou difíceis de restringir. O tato é o mais difícil. Não existe meio físico de suprimi-lo que se compare à anestesia local.

Sente-se numa cadeira confortável; depois repita o exercício a seguir na postura egípcia ou de pernas cruzadas. Você pode sentir o assento da cadeira, o chão. Suas mãos repousam sobre algo que você também sente – as pernas; os braços tocam o corpo ou um ao outro; primeiramente você mal percebe, mas logo descobre que quer movimentá-los, para se sentir mais confortável, para aliviar a pressão. Você sente ou imagina sentir uma irritação ou uma coceira em algum lugar, mais provavelmente no rosto, e quer colocar a mão no local; ou se for no pescoço ou no corpo você quer retorcer-se. Toda essa compreensão do sentido do tato irá demonstrar que o desejo de se mexer, a inabilidade de se ficar quieto, deve-se ao nervosismo. As pessoas que estiverem olhando para você dirão que você está irritado, ou muito excitado. Na verdade, isso se deve ao sistema nervoso colocado sob tensão; esse sistema inclui os nervos sensórios e os nervos que alimentam os músculos.

Portanto, continue na mesma posição, mas relaxe os músculos. Você já praticou tal relaxamento na *postura de relaxamento* da lição 1. Algumas respirações profundas irão ajudar. Se resistir ao desejo de se mexer, você pode piorar a tensão. É melhor admitir que não está se sentindo à vontade e se mexer para assumir uma posição mais confortável.

Então permaneça sentado e quieto por 5 minutos. Ensine o corpo a ignorar e depois a se tornar não perceptivo a todos os pequenos comichões e picadas que os elementais físicos usam para atrair a atenção para si. Pense em algo em que você se interessa muito.

Esse exercício é uma preparação para a meditação, por isso continue, digamos, 5 minutos por dia, durante vários dias, ou mesmo semanas, até que possa realmente dizer que o corpo físico, particularmente o sentido do tato, está sob controle.

MEDITAÇÃO GERAL

Agora estamos prontos para começar a meditação, o principal exercício do *Rāja Yoga*. Se você seguiu e praticou o conselho contido nas quatro primeiras lições não irá achar a meditação tão difícil. De outro modo será melhor retornar ao início antes de continuar com o curso. Você terá então obtido algum controle sobre os seguintes aspectos:

Comportamento: Através de sua conduta e atitude gerais, o seu caráter ter-se-á fortalecido e você terá uma conduta mais positiva em relação à vida em geral.

Disciplina Corporal e Respiração: Através do corpo, por meio das posturas e da atenção que dispensou à higiene pessoal e aos hábitos alimentares. Os exercícios respiratórios terão ajudado a acalmar todo o sistema nervoso.

Restrição dos Sentidos: Através dos sentidos. Os órgãos dos sentidos olham para fora; na meditação você está olhando para dentro.

A preparação acima foi desenvolvida para que nem o corpo, nem os sentimentos e as emoções, nem os sentidos perturbem a mente enquanto você medita.

Há três estágios no que é geralmente chamado de meditação: o sexto, o sétimo e o oitavo passos do *Yoga* formal: Concentração, meditação e contemplação (ver Introdução).

Geralmente se espera que o aluno alcance algum grau de sucesso em cada estágio prévio antes de prosseguir para o estágio posterior. Neste curso, recomenda-se que se proceda com a mesma cadência assumida para as primeiras quatro lições, isto é, levar-se de duas a quatro semanas para cada lição, preferivelmente quatro.

Isso quer dizer que você não será perito em concentração antes de proceder à meditação, e que estará tentando a contemplação antes de se ter aperfeiçoado na concentração ou na meditação. Mas após ter trabalhado através dos três estágios pela primeira vez, você deve voltar à concentração e trabalhá-los novamente com a mesma cadência. Faça isso repetidamente; a cada vez você irá tornar-se mais apto.

A razão para esse método de trabalho é que, se você passar tempo demais no primeiro estágio da concentração, pode achar que está sendo tolhido pela concentração intelectual como exercício puramente mental, que pode não satisfazer seu temperamento.

Experienciando todos os três estágios durante um período de tempo não muito longo, você irá descobrir suas próprias forças e fraquezas. Poderá descobrir que consegue a contemplação mais facilmente do que a concentração. Existe um perigo aqui de a meditação tornar-se nada mais que um banho emocional, e é por isso que no passado punha-se muita ênfase no estágio de concentração. Tenha isso em mente e evite permitir que o estado de contemplação torne-se emocional demais.

CONCENTRAÇÃO 1 (*dhārāna*)

Esse é o estágio de se dar atenção exclusiva a uma ideia. Você seleciona um objeto ou uma ideia e foca a mente sobre ele; você lhe dá toda sua atenção. A palavra sânscrita *dhārāna* deriva da raiz verbal *dhr*, que significa direcionar a atenção, manter, determinar.

Escolha um momento a cada dia para sentar-se e praticar a meditação. A palavra 'meditação' é usada tanto para o processo total que cobre os três estágios quanto para o segundo estágio (i.e., o sétimo passo do *yoga* formal). Isso fica óbvio quando se faz referência apenas ao segundo estágio. Suponhamos que você diga que irá meditar durante 5 minutos (um bom período para começar). Então durante estes 5 minutos você simplesmente *não está interessado* nas mil e uma coisas que normalmente lhe ocupam a mente. Você tem todo o restante do dia para dar atenção a elas. Diga a si mesmo: 'Faço esta coisa, e só esta coisa', e então prossiga com a meditação sobre o objeto selecionado.

Como introdução, tente o seguinte exercício:

Sente-se com as pernas cruzadas ou à moda egípcia, feche os olhos, respire de maneira calma e natural. Sinta-se em paz com o mundo. Diga a si mesmo: 'Meu corpo não é o Eu. Retiro minha consciência do corpo'. Faça uma pausa e sinta o significado dessas afirmações.

Depois diga para si mesmo: 'Eu não sou as emoções'. Faça uma pausa e sinta as emoções como uma calma condolência pelos outros.

Então diga: 'Estou tendo estes pensamentos, mas o Eu é superior à mente. Controlarei meus pensamentos'. Faça uma pausa, compreenda que os próprios pensamentos podem ser controlados e então sinta aquela sensação relaxada quando o próprio pensamento cessa.

Após um breve 'desfrutar' dessa sensação, faça algumas respirações profundas e sinta a vida do Eu Superior fluindo para o interior da mente, das emoções, do corpo – e levante-se com a sensação de ter sob controle os veículos da consciência exterior.

Este exercício, que tem sido conveniente para a meditação geral, fornece uma abertura e um fechamento típicos para qualquer período de meditação, de modo que você pode agora prosseguir com uns poucos exercícios mais, particularmente sobre concentração.

Concentração sobre um Objeto Externo

Escolha seu próprio objeto da seguinte lista: triângulo, quadrado, círculo, cubo, esfera (bola), um ornamento (escolha um ornamento simples que você possa colocar à sua frente) – uma xícara, uma maçã, uma flor. Você pode usar um objeto diferente a cada vez.

Agora sente-se, na postura egípcia ou de pernas cruzadas. Certifique-se de que o corpo está confortável e relaxado, e que você está num estado de restrição dos sentidos. Com os olhos fechados, faça algumas respirações profundas. Como você deverá sempre começar a meditação desta maneira, estas instruções não mais serão dadas, exceto como lembrete ocasional.

Nesse exercício você irá usar o sentido da visão; sendo assim, abra os olhos e olhe para o objeto que escolheu. Digamos que seja uma maçã.

Agora não pense em nada senão na maçã durante 1-3 minutos. Isso basta para começar. Você pode conseguir prolongar até 5 ou 10 minutos posteriormente.

Olhe para a maçã. Observe sua forma, sua cor, seu talo. Se a sua mente errante dirigir-se até a mesa sobre a qual repousa a maçã, ou até uma outra fruta que esteja na fruteira, volte novamente à maçã. Você está interessado apenas na maçã. Ao olhar para a maçã, permita que seus olhos pisquem, não fique olhando fixamente para a maçã sem piscar, uma vez que isso pode levar à auto-hipnose. Nesse estágio de concentração você não quer perder o controle sobre a consciência. Você não deve permitir-se devanear. Você está olhando para a maçã e este é o seu grande interesse, o seu único interesse.

Agora feche os olhos e continue a visualizar a maçã, a pensar sobre ela. É neste ponto que você pode encontrar pensamentos errantes: maçã, fruta, vegetarianismo. Volte à maçã e mais uma vez você pode vir a divagar: maçã, árvore, poda, rosas, jardim. Volte à maçã.

Pare antes que o cérebro se canse. Não se extenue para não ter dor de cabeça nem ficar entediado com o exercício.

Ao final do exercício, faça algumas respirações profundas, abra os olhos e olhe ao redor, sinta-se radiante e pronto para a próxima tarefa.

Concentração sobre um Objeto Interno

Esse exercício faz uso de um objeto que é parte de nós mesmos, tal como a ponta da língua, o nariz, um ponto central no topo da cabeça, a área entre as sobrancelhas ou o dedo mínimo.

Após ter-se preparado como de costume, comece com o sentido do tato. Sinta sua consciência retirando-se do resto do corpo até o ponto escolhido, digamos o dedo mínimo. Mexa-o para sentir seu movimento. Mantenha-o quieto, mas fixe a consciência nele. Pense nele, sua forma, as três partes e as duas juntas, a unha, a sensibilidade na ponta.

Você pode transformar esse exercício de concentração num excelente jogo, ao pensar que você é exatamente esse dedo e nada mais.

Aqui, mais uma vez, não se detenha por muito tempo, e quando decidir parar, deixe que a consciência flua de volta para toda a mão e também para o restante do corpo.

Concentração sobre uma Ideia

Esse exercício faz uso de uma ideia abstrata, algo sem forma física, tal como as emoções, o intelecto, a serenidade, uma ciência tal como a botânica, a linguagem, ou uma virtude como a simpatia ou compaixão. A vantagem de escolher uma virtude é que ela pode despertar o entusiasmo e a devoção, incorporando a virtude ao caráter da pessoa.

Como sendo este o estágio de concentração, você não deve deixar a mente divagar para longe da ideia ou em torno dela; isso irá acontecer quando você meditar. Você poderia começar com a simpatia ou compaixão, e nesse estágio tentar apenas sentir a virtude em si mesmo. Dizem que essa unidirecionalidade pode ser alcançada mais rapidamente com os sentimentos do que com o pensamento. Assim, aproveite-se disso e induza uma intensa concentração do sentimento de simpatia ou compaixão; então a mente seguirá o sentimento.

Termine esse exercício como de costume, com algumas respirações profundas e um retorno radiante ao mundo ao redor.

Um Lembrete Especial sobre a Concentração

Lembre-se de que esses exercícios são apenas ginástica mental, embora possam ser divertidos e interessantes se praticados com o espírito correto. Assim sendo, a mente é exercitada como um passo rumo à meditação e à contemplação, quando os estágios superiores de consciência podem ser experienciados e quando a própria mente será transcendida. É por isso que a meditação avançada é às vezes chamada de meditação transcendental.

PRÁTICA DIÁRIA

Agora você deve ter decidido alocar de 10-15 minutos a cada dia para a prática do *Yoga*. Bem cedo pela manhã é a melhor hora, imediatamente após se levantar da cama e após a higiene pessoal diária regular, mas terá que decidir quando é melhor para você com relação às suas responsabilidades do lar e dos negócios. Não se deve praticar o *Yoga* imediatamente após uma refeição ou tarde da noite.

Nesse estágio e para essa lição, sugere-se o seguinte:

Comportamento: Dedique a não possessividade e a devoção a um ideal supremo, como sugerido nessa lição.

Disciplina corporal. Postura de relaxamento.

Respiração.
 (a) Respiração básica.
 (b) Respiração rítmica regular, aumentando o tempo para cada respiração. Não vá além de 7 segundos inspirando e 7 segundos expirando (lição 3).
 (c) Se desejar pratique a respiração de fole (lição 4).

Restrição dos Sentidos. Controle dos sentidos da audição e do tato.

Meditação. Estágio de concentração: cada dia pratique um dos exercícios dados nessa lição.

Lição 6

RESTRIÇÃO DOS SENTIDOS 3

Nas duas últimas lições, você aprendeu a retirar a consciência dos sentidos, a fixar a atenção na mente, imperturbada pelos impactos do mundo externo. Existe um outro aspecto desse libertar de nós mesmos da dominação dos sentidos, que é o controle dos sentidos de uma maneira positiva. Além de sermos capazes de suprimir os sentidos, devemos ser capazes de direcioná-los como indicado abaixo.

Os *olhos*, os órgãos da visão, devem ser treinados a observar com exatidão para que, quando estiverem fechados, possamos fazer um quadro mental daquilo que estivemos observando. Isso será feito como parte do treinamento da concentração.

O *nariz*, o órgão do olfato, também pode ser treinado para se tornar mais sensível. Ao suprimir o sentido do olfato para propósitos do despertar da consciência superior, devemos não embotar o próprio sentido. Desfrute os aromas agradáveis, as flores, o aroma do campo ou do mar. Isso pode ajudar a afastar a consciência do mundo material, conduzindo-a a um estado de feliz bem-aventurança. É por isso que se usa incenso nas cerimônias religiosas e na meditação. À medida que a pessoa progride no *Yoga* ela é capaz de reproduzir o aroma do incenso no nível mental sem na verdade o estar usando no nível físico. Faça experiências deste tipo, aprenda como eliminar um aroma, como desfrutar um odor e como criar um aroma mentalmente.

A *língua*, o órgão do paladar, pode ser usada de maneira semelhante. Desfrute os sabores refinados; não estrague seu senso de paladar com o uso excessivo de sabores fortes tais como sal, pimenta, açúcar. Aprenda a reconhecer e a apreciar os sabores delicados. Tendo aprendido como suprimir o sentido do paladar, você deve também saber como usá-lo corretamente. O paladar, e isso se aplica também ao olfato, desempenha um papel importante na assimilação do alimento pelo estímulo dos sucos digestivos. Um paladar refinado pode levar à escolha correta do alimento, àquilo que é melhor para a saúde e o bem-estar do corpo.

Os *ouvidos*, os órgãos da audição, devem ser treinados a estarem em alerta. Preste atenção às pessoas à sua volta, ouça-as com interesse. Ouça a voz da Natureza no jardim, ou no campo, distante do barulho da vida na cidade. O *yogue* avançado, que está num estado de alerta interior, às vezes ouvirá sons oriundos de níveis mais elevados de consciência. Ouça essa voz interior; ela pode trazer inspiração, encorajamento e às vezes aconselhamento.

A *pele*, o sentido do tato, cobre uma extensa área. Deve ser tratada com cuidado. Segundo a tradição oculta, todo o corpo está cercado por um campo de energia vital que se estende cerca de pouco mais de um centímetro e meio além da pele quando em estado de repouso, mas normalmente se estende por vários centímetros. Como campo de força, o tato pode ser comparado ao campo magnético em torno de um ímã ou de um fio condutor de eletricidade. Às vezes, é chamado de aura etérica ou aura de saúde; o termo sânscrito é *pranāmayakosha*, ou veículo de *prāna*.

Na lição 2, encontra-se uma introdução sobre o *prāna*. É a energia vital que sustenta o elo entre a vida do corpo e a vida dos veículos da consciência superior. O *prāna* também une o indivíduo à vida do cosmo. É geralmente traduzido como o sopro de vida. Assim como absorvemos oxigênio através dos pulmões para manter a vida do corpo, de modo semelhante absorvemos *prāna* através da pele da 'atmosfera psíquica' circundante.

Ver-se-á, portanto, por que a pele desempenha papel importante na saúde do corpo. Ao sentar sossegadamente e sentir sua consciência na pele, você começará a sentir essa extensão além da superfície da pele. Então, à medida que inspira, pense na ideia de que está absorvendo *prāna*, vitalidade, através de toda a superfície dos braços, das pernas, do corpo, da cabeça. Isso deve produzir uma sensação que pode ser melhor descrita como uma expansão de consciência.

O sentido do tato é mais amplamente estendido e engloba todos os outros quatro sentidos, pois todos eles evoluíram a partir da pele. A visão, o olfato, o paladar e a audição são apenas especializações do sentido do tato. Por esta razão, o tato é o mais difícil de ser restringido, e a pele deve ser tratada com cuidado. Aprenda a refiná-lo sentindo, com a ponta dos dedos, as superfícies que são agradáveis: o veludo, a seda, a relva, a madeira polida, formas artísticas.

Nas lições 4 e 5, foram dadas instruções de como desligar os sentidos; isso não deve tornar-se um hábito regular, ou você irá se tornar um sonhador, incapaz de observar, tendo a 'cabeça nas nuvens'. Nesta lição indicamos como o Yoga deve ajudá-lo a se tornar mais alerta, mais sensível.

Restrição dos sentidos significa controle dos sentidos, não deixar que eles lhe controlem. Você pode suprimi-los para meditar, mas deve também ser capaz de usá-los quando tiver que ser radiante, alerta, responsivo e observador. Ao mesmo tempo, deve manter o controle para não viver apenas para as sensações e as excitações prazerosas.

Para resumir, aprenda a usar os sentidos sábia e positivamente, e quando desejar, seja capaz de desligá-los por um esforço da vontade, como por exemplo, quando estiver meditando, estudando ou fazendo algum trabalho que requeira plena atenção.

CONCENTRAÇÃO 2 (dhāranā)

Na última lição foram dados exercícios para a prática diária. Para esta lição continue aqueles exercícios na hora que você determinou para a prática regular do Yoga.

Nessa prática de concentração, tente evitar a corrente de associação mencionada na última lição. Sugeriu-se uma maçã como objeto de concentração. A maçã pode fazer você lembrar da macieira, da necessidade de podá-la corretamente; de que no inverno passado você fez isso com o tempo frio, estava nevando, e as crianças adoraram a neve. Maria resfriou-se, teve que ficar afastada da escola, que ótima professora ela é – oh céus! o quanto nos desviamos de nossa maçã! Se isso acontecer, tente trazer a corrente de pensamentos de volta. Esse exercício irá ajudá-lo a saber por que seus pensamentos vaguearam. Por isso, comece mais uma vez e não os deixe vaguear.

Nessa lição são feitas sugestões para exercícios que podem ser praticados a qualquer hora do dia. Você pode torná-los um hábito regular de vida, e eles irão melhorar sua eficiência e sua memória. Poderá também juntar outros exercícios, particularmente alguns que se ajustarem à sua vida diária, ao seu negócio e ao seu lazer.

O treinamento da mente na concentração fluirá mais rapidamente se você aplicá-lo à sua vida diária. Preste plena atenção a cada tarefa que realiza: escrever uma carta, assar um bolo, ler um relatório, consertar uma máquina, fazer alguma coisa. Se a mente vaguear você provavelmente irá descobrir que é pelo fato de estar pensando a respeito de uma outra tarefa que deve ser realizada. Você está incomodado porque tem muita coisa a fazer e se pergunta como poderá fazer tudo em tempo.

Concentre-se numa tarefa, e a execute bem. Depois você poderá supervisionar mais de uma tarefa, mas irá concentrar-se todo o tempo, mesmo que por apenas um breve momento, em cada tarefa. Este é o modo como uma mãe cuida da casa e da família. Ela tem muitas tarefas, mas a cada uma dedica plena atenção no momento da execução.

Tente fazer o seguinte durante o dia:

Concentração em uma Caminhada

À medida que caminha, observe a sequência do cenário. As casas, as lojas, uma árvore especial e assim por diante. Faça isso, digamos, durante apenas um trecho da estrada e depois tente reproduzir mentalmente a sequência do cenário que viu.

Se esta for a sua caminhada regular diária, você pode fazer a mesma coisa no dia seguinte, e no outro dia. A prática irá ajudar não apenas na concentração, como irá melhorar sua memória.

Pensamento Seletivo

Durante o dia, antes de começar uma nova tarefa, pense com clareza a respeito da mesma. Suponhamos que você esteja trabalhando no jardim. Olhe para o trabalho que vai executar, cavar, arrancar ervas daninhas, ou podar. Concentre-se no trabalho que está por vir, planeje a melhor maneira de executá-lo, tenha claro na mente exatamente o que quer fazer e como pode fazê-lo da maneira mais eficiente. Depois siga em frente, mantendo a mente no trabalho. Um trabalhador eficiente é aquele que consegue manter a mente no que está fazendo.

MEDITAÇÃO 1 (*dhyāna*)

Como já foi dito anteriormente, o termo 'meditação' inclui todos os atos de reflexão séria e sustentada, ou de contemplação mental. Nos livros de Yoga, o termo é usado num sentido amplo que inclui concentração, meditação e contemplação. A palavra sânscrita para isso é *samyama*. Ernest Wood (no seu livro Yoga) traduz o termo como equilíbrio. A palavra 'meditação' é também usada em sentido restrito para significar a atenção continuada que é levada além do plano da percepção sensorial. Aqui a palavra sânscrita é *dhyāna*, o estágio entre concentração e contemplação.

Nesse sentido estrito, meditação é a consideração sobre um objeto em seus muitos aspectos e relacionamentos. Na concentração, fixamos nossa mente no objeto. Na meditação, pensamos a respeito do objeto; esse é o estágio de compreensão, o ato de entender. O objeto desabrocha perante os olhos da mente para produzir um significado mais profundo na consciência da pessoa, porque a atenção é levada para além do nível dos cinco sentidos físicos.

Meditação é um processo mental que pode ser descrito como 'ter uma discussão consigo mesmo'. O tema é considerado sob todos os ângulos até que gradualmente todas as opiniões fundam-se numa compreensiva experiência de entendimento. O *yogue* em meditação profunda torna-se uno com o objeto do pensamento, mas retém sua consciência mental. Assim, ele chega a uma apreciação da realidade ou da verdade daquilo sobre o que medita.

Nos exercícios de meditação, comece com a concentração, e depois gradualmente avance para a meditação. A concentração contrai a mente, focando-a no objeto. A meditação expande a mente em torno do objeto, ampliando o campo da consciência. Assim, a concentração fica limitada ao que é colocado ante os olhos da mente; a meditação é criativa e abre a mente a uma compreensão mais profunda do tema. Para apreciar essa diferença, propõe-se começar com objetos concretos tais como os que foram usados na lição 5.

Meditação sobre um Objeto Concreto

Qualquer um dos objetos dados na lição 5 pode ser usado, mas aqui escolhemos uma maçã. Comece exatamente com a mesma descrição feita para a concentração. Quando conseguir reter a maçã em pensamento para que a mente não divague, então você estará pronto para meditar sobre o tema. Pense a respeito da relação da maçã com outras frutas; seu gosto particular, seu lugar no ciclo da vida, da árvore à flor, do fruto à semente, e daí a uma nova árvore; seu valor nutritivo e conteúdo vitamínico; seu lugar no esquema da vida e a relação entre animal e fruto, entre os reinos animal e vegetal.

Enquanto pensa a respeito do tema, você não deve divagar para longe. É como se você deixasse a mente mover-se em torno do pensamento de uma maçã, e mantivesse o pensamento sempre preso à maçã por um fio mental. Esse processo tem sido descrito como uma oscilação em pensamento da maçã às suas propriedades, depois se volta à maçã e se sai para os usos que dela se faz, e novamente se volta à maçã, então se sai de volta a alguma outra propriedade. Após cada excursão ao exterior, a mente é repetidamente trazida de volta à maçã, até que cada aspecto se tenha tornado parte de sua consciência. Você então se identificou com a ideia abstrata ou o arquétipo do qual a maçã é apenas uma manifestação externa.

5-10 minutos é o tempo suficiente para o exercício, que deve terminar da maneira usual sugerida na lição anterior.
O tipo de exercício acima pode ser adaptado a qualquer objeto concreto. Foi dado como introdução à meditação para mostrar a diferença entre concentração e meditação. Na próxima lição, prosseguiremos com exercícios que usam temas abstratos, que levam à autorrealização, isto é, elevam o nível de consciência até o nível do Eu Espiritual da pessoa.

PRÁTICA DIÁRIA

Para essa lição, a sua prática de 10-15 minutos de *Yoga* deve incluir o seguinte:

Disciplina Corporal: A postura de relaxamento.

Respiração:
(a) A respiração básica.
(b) A respiração rítmica regular com, digamos, 7 segundos de inspiração e 7 segundos de expiração.
(c) A respiração de fole, se desejar.

Concentração: Continue com os exercícios dados na lição 5.

Meditação: Comece os exercícios de meditação de acordo com o sugerido.

Durante o dia, pratique o seguinte:

Restrição dos Sentidos: Mantenha os sentidos em alerta como sugerido nessa lição.

Concentração: Pratique os exercícios dados nessa lição: em uma caminhada, e em pensamento seletivo com imaginação.

Lição 7

REVISÃO DOS CINCO PRIMEIROS PASSOS

Nas próximas três lições, vamos focar nossa atenção nos três passos internos do *Rāja Yoga*: concentração, meditação e contemplação. Portanto é desejável, antes de prosseguirmos, recapitular os cinco passos externos. Foram passos preparatórios para a meta última da Autorrealização.

Comportamento: Lembre-se das qualidades morais e éticas exigidas e que foram dadas nas cinco *autorrestrições* e nas cinco *autodisciplinas* (lições 1-5).

Disciplina Corporal: Você adotou a higiene pessoal e as recomendações dietéticas dadas nas lições 1, 2 e 4? Encontrou a posição mais confortável para a meditação (lições 3- 4)?

Respiração: Você melhorou seu influxo das forças vitais por meio de uma respiração firme, profunda e relaxada (lições 1-4)? Você consegue encontrar tempo a cada manhã para os exercícios recomendados?

Restrição dos Sentidos: Lembre-se das sugestões feitas nas lições 4 e 5 sobre o controle dos sentidos (visão, olfato, paladar, audição e tato) para que eles deixem de perturbar a mente quando ela estiver engajada na meditação. Leia também mais uma vez, na lição 6, a seção sobre o sábio uso dos sentidos para aumentar os poderes de resposta da pessoa, um recurso valioso na preparação da concentração.

CONCENTRAÇÃO 3

A lição 5 inclui um exercício de concentração numa parte do corpo (um objeto interno), tendo servido como exemplo o dedo mínimo. Foi uma preparação para a concentração sobre um centro oculto que é usado em muitas formas de yoga.

Segundo a antiga tradição oculta da Índia, o corpo físico tem, associado a ele, uma contraparte sutil ou etérea que é uma duplicata da forma densa e que se estende um pouco além da superfície do corpo. Tem sido chamada de duplo etérico e é o veículo do *prāna*, a energia vital do cosmo.

A função desse duplo etérico é absorver o *prāna*, ou vitalidade, e distribuí-lo para todo o corpo físico. Isso é realizado por uma quantidade de centros psíquicos chamados de *chakras* (rodas), em sânscrito, que estão situados na superfície do veículo etérico, cerca de meio centímetro da pele do corpo físico denso. Esses centros recebem o *prāna*, que é então distribuído por uma rede de comunicação para todo o corpo físico com seu duplo etérico, criando desse modo campos de energia vital. O sistema como um todo serve para unir o corpo físico denso aos princípios superiores do ser humano: seus veículos de consciência emocional e mental, seu Eu espiritual e sua vontade, o mais elevado princípio de consciência humana (*Ātman*, em sânscrito).

Para maiores detalhes, recomendamos o livro *Os Chakras*, de C. W. Leadbeater, e *O Duplo Etérico*, de A. E. Powell, ambos da Ed. Pensamento. Para um estudo avançado veja *Serpent Power*, de Arthur Avalon. Um breve resumo é dado no meu livro *A Simplified Course of Hatha Yoga*, pp. 38-41.

Concentração sobre um Centro Oculto

Existem dois centros ocultos ou *chakras* muito frequentemente usados pelos *Rāja yogues*. Um deles está situado na fronte entre as sobrancelhas (o chakra *ajñā*), que corresponde ao nosso Eu Superior ou àquele princípio de consciência que pode ser chamado de 'a mente iluminada'. Na literatura teosófica, é chamado de *buddhi-manas*: *buddhi* é o princípio harmonizador; *manas*, nesse contexto, é a mente superior. *Buddhi* é às vezes chamado de intuição, mas sabedoria é uma tradução melhor. *Manas* literalmente significa mente, mas está sempre associado ou a *buddhi* (a vida do Espírito) ou ao desejo (*kama*, em sânscrito). Assim *buddhi-manas* é a mente superior iluminada pelo Eu.

O outro centro mais usado fica em frente ao *coração* e representa o princípio superior que controla o desejo e a ação.

É prática comum começar a meditação focando a consciência ou no *centro entre as sobrancelhas* ou no *centro do coração*; cada indivíduo irá descobrir aquele que melhor lhe convém. Com esse objetivo em mente, você deve agora praticar a concentração sobre esses dois centros, um de cada vez.

Sente-se na sua posição favorita, com os olhos fechados, respirando firmemente. Sinta a consciência focada entre as sobrancelhas. Pense no *chakra* frontal como sendo um disco de, digamos, 5-7.5 cm de diâmetro; o centro do disco está pulsando com vida. Pense na vitalidade, a força vital ou *prāna* fluindo para o interior do centro e enchendo a mente de 'claros pensamentos'. A mente está firme, calma, sábia, repleta de pensamentos puros, gentis, uma sabedoria que transcende o pensar comum.

A prática acima transformou a concentração em meditação, e pode levar ao despertar da intuição, à inspiração.

Prossiga lentamente, apenas um minuto para começar, nunca mais do que cinco minutos de cada vez, e tome muito cuidado para que a prática não se torne tão intensa que venha a causar dor de cabeça ou sentimento de tensão no olho ou em outra parte. Se sentir um pouco de calor no centro, isso é natural, mas pare antes que se torne muito estimulante.

Se o exercício lhe fizer sentir-se excitado, é porque você está ativando exageradamente as emoções. Mantenha o exercício no nível mental.*

---

* A prática medidativa deve sempre manter-se na abstração mental, sem buscar influenciar ou interagir com as funções físicas através dos centros nervosos do corpo físico, para evitar somatizações, conforme menciona a Dra. Besant no seu livro *Um Estudo sobre a Consciência* (BESANT, Annie. *Um Estudo sobre a Consciência:* uma contribuição à psicologia, Trad. Edvaldo Batista de Souza. Brasília: Teosófica, 2014.) (N.E.)

Encerre o exercício com algumas respirações profundas, abra os olhos com o sentimento de estar alerta e pronto para enfrentar o mundo de atividade para o qual você deve ir.

Um exercício semelhante pode ser praticado no *chakra* cardíaco, mas nesse caso, após pensar na vitalidade ou *prāna* fluindo para o interior do centro, você irá sentir (e não pensar) o coração pleno de devoção, de amor. Aqui você não estará despertando a intuição, mas preenchendo todo seu ser de puro amor, pura devoção.

Esse exercício deve ser encerrado com o seu amor fluindo do centro do coração para o mundo, para aqueles que precisam desse auxílio espiritual, quer a necessidade seja devido à doença, preocupação, aflição de qualquer tipo, ou que esse encorajamento seja necessário para se realizar uma tarefa importante, seja por um professor, um médico, um enfermeiro ou um líder nacional.

Aqui mais uma vez deve-se tomar cuidado para prosseguir lentamente e parar imediatamente se houver qualquer sentimento de excitação ou se o coração começar a bater firme e rapidamente. Deixar o amor fluir para o exterior é um bom relaxamento que deve evitar a possibilidade de tensão.

Concentração sobre uma Citação ou Mantra

Na lição 5, os exercícios de concentração foram sobre objetos concretos, tanto externos quanto internos, e sobre uma ideia, como por exemplo, uma virtude. Nesta lição aplicamos o objeto interno, tal como uma parte do corpo, aos centros ocultos do corpo (duplo) etérico. Aplicar-se o exercício sobre uma ideia é fazer uso de uma citação, um verso, uma invocação ou um mantra. A citação pode ser das escrituras sagradas das religiões do mundo, ou da literatura inspirada.

O uso de tais citações é um costume comum na maioria das práticas meditativas, mas você deve começar usando-as para o estágio de concentração, para cujo propósito deve ser escolhida uma

frase curta com significado claro e conciso.
É útil memorizar a citação à noite para usá-la na manhã seguinte. A seguir alguns exemplos:

> Nenhum homem é uma ilha, fechado em si mesmo.
> *John Donne, 1571-1631*
>
> Dentro de você está a luz do mundo.
> *Luz no Caminho*
>
> Mate todo senso de separatividade.
> *Ibid.*
>
> Eu desejaria ter permanecido em silêncio com maior frequência.
> *A Imitação de Cristo*
>
> Bem-aventurados os puros de coração.
> *Novo Testamento*

Sente-se como de costume para a prática diária. Faça algumas respirações profundas. Retire a consciência dos sentidos. Fixe a atenção no nível mental e repita a citação escolhida silenciosamente para si mesmo, como por exemplo: 'Nenhum homem é uma ilha'. Concentre o pensamento nessa ideia. Você não está só. Você é parte da fraternidade humana. Não está só. Não é uma ilha. Não está isolado.

'Nenhum homem é uma ilha'. Repita essa frase até que ela se torne parte de sua consciência interior, parte de sua atmosfera mental. Gradualmente ela irá tornar-se a totalidade do seu pensamento, encherá toda sua consciência. Você não estará consciente de mais nada senão da frase 'Nenhum homem é uma ilha'.

Então deixe a mente relaxar, abra os olhos e deixe os pensamentos do mundo exterior fluirem novamente para dentro.

Se tiver sido bem-sucedido, você sentirá então que agora realmente compreende a diferença entre a concentração e o estado

mental de simplesmente deixar qualquer pensamento adentrar a mente.
Os exemplos dados acima foram citações comuns. Esse exercício pode ser também usado para um mantra, isto é, um conjunto de palavras arrumadas ritmicamente de modo que quando pronunciadas gerem vibrações que produzam efeitos específicos nos planos superiores de consciência. Neste caso as palavras são recitadas em voz alta e repetidas muitas vezes.

Exemplos de Mantras

São exemplos de mantra:
    Invocações em sânscrito, tais como o *Gāyatri**, usado pelos hindus:
        Om, tat savitur varenyam
        bhargo devasya dhimahi
        dhiyo yo nah prachodayāt.
    (Meditamos na adorável luz do
    Criador do Universo. Possa Ele guiar
    nossa compreensão corretamente).

A invocação budista em páli, que começa:
    Namo Tassa Bhagavato Arahato
    Sammāsambuddhassa.
    (Louvamos o Senhor, o Ser Sagrado,
    Perfeito em Sabedoria).

O mantra tibetano:
    Om mani padme hum
    (Ó, a joia no lótus).

---

* O detalhamento do mantra na forma completa encontra-se no livro do Dr. Taimni, *Gayatri: o Mantra Sagrado da Índia*. Brasília. Teosófica, 1991. (N.E.)

As invocações hebraicas ao Senhor Uno:
>Shemāa Yisrael Adonai Elohenu Adonai
Eihād.

(Ouvi, ó Israel, o Senhor é nosso Deus,
O Senhor é uno).

As orações latinas usadas pelos Católicos Romanos, tais como:
>Kyrie eleison, Kyrie eleison, Kirie eleison,
Christe eleison, Christe eleison, Christe
eleison,
Kyrie eleison, Kyrie eleison, Kyrie eleison.

(Senhor tenha piedade de nós, Cristo tenha piedade de nós, Senhor tenha piedade de nós).

As traduções são fornecidas à guisa de curiosidade, pois não têm o valor mântrico dos originais.

Algumas invocações e frases em inglês (e até mesmo em português – N.T.) adquiriram valor mântrico pelo uso tradicional:

Santo, santo, santo, Senhor Deus Onipotente.

Glória a Deus nas alturas, e paz na Terra
aos homens de boa vontade.

Ele está mais próximo que a respiração, e
mais próximo que as mãos e os pés.
>Tennyson

Existe um centro no recôndito de todos nós,
Onde a verdade habita em plenitude.
>Robert Browning

Os mantras são particularmente usados no *Mantra Yoga*, mas podem ser usados como exercícios na concentração. O que deve ser evitado é a repetição constante que pode levar à auto-hipnose.

Em *Rāja Yoga* é muito importante manter a mente numa atitude positiva. Pare sempre que sentir que está ficando sonolento.

MEDITAÇÃO 2 (*dhyāna*)

O estágio de meditação foi introduzido na lição anterior com um exemplo onde se usava um objeto concreto – uma maçã. Esse exemplo foi escolhido para mostrar a diferença entre concentração e meditação, com o mesmo objeto externo que foi usado para a concentração na lição 5. A meditação, como é geralmente praticada, normalmente não faz uso de objetos concretos; no futuro você poderá escolher temas de uma natureza mais abstrata.

A palavra sânscrita *dhyāna* é derivada da raiz verbal *dhyai*, meditar, mas sua significação profunda é que 'a mente e o coração são banhados no puro conhecimento e na iluminação, livres das atrações do mundo inferior'. É a passagem para a contemplação eterna, *samādhi*.

Na lição 5, escolhemos uma ideia abstrata para a concentração e especificamente nos concentramos sobre a virtude da simpatia*. Agora elevaremos isso ao estágio de meditação.

Meditação sobre uma Virtude

Comece da mesma maneira como quando se concentrou sobre a compaixão ou simpatia, e tendo induzido um enorme sentimento de compaixão em si mesmo, prossiga até pensar extensivamente sobre o tema.

Pense nas pessoas com quem você simpatiza, porque vocês pensam as mesmas coisas, pertencem à mesma organização, têm interesses comuns.

---

* Vale mencionar que a palavra inglesa *sympathy* pode ser traduzida como simpatia, mas também tem a conotação de compaixão. (N.E.)

Pense então naqueles que têm pontos de vista bastante diferentes dos seus. Consegue simpatizar com eles? Embora possam diferir de você, você é capaz de entender o ponto de vista dessas pessoas? Reconheça que é possível simpatizar com tais pessoas.

A simpatia pode também ser aplicada àqueles que sofrem, seja esse sofrimento a dor física ou a angústia mental. Então entenda que ao lhes emprestar sua solidariedade, você deve fazê-lo sem se tornar emocionalmente envolvido. Tente compreender o significado de solidariedade desapegada.

Cercando o tema desta maneira, você irá gradualmente focar seus pensamentos sobre a ideia abstrata da simpatia. Pense na simpatia sem qualquer exemplo específico, apenas a ideia abstrata de simpatia. Isso é chamado de meditação sem semente. Os primeiros estágios foram com semente.

Você não deve prematuramente tentar meditar sem semente, ou irá tornar-se passivo. Comece sempre com uma semente como foi ensinado no exemplo acima. Posteriormente, você poderá meditar sem semente desde o início. No estágio atual faça como sugerido aqui, e deixe apenas um curto espaço de tempo no final para o pensamento 'sem semente'. Aliás, quando começar o estágio de meditação você deve parar antes de atingir o estágio abstrato. Acresça esse estágio somente quando se tornar mais proficiente.

É bom terminar a meditação sobre uma virtude pensando nas qualidades dessa virtude espalhando-se por todo o mundo. Assim, pense nas outras pessoas à sua volta simpatizando-se mutuamente, e permita que essa ideia se expanda até envolver o seu estado, o seu país, o mundo. Termine com a determinação de ser, você mesmo, um exemplo dessa virtude.

PRÁTICA DIÁRIA

Você deveria agora estar preparando as bases para uma prática diária regular e ordenada.

Para esta lição disponha de 10-15 minutos a cada dia da seguinte maneira:

(1) *Revise os Cinco Primeiros Estágios do Yoga*: comportamento (restrição e disciplina), disciplina corporal, respiração e restrição dos sentidos. Isso pode ser feito na seguinte ordem:

Disciplina Corporal: Postura de relaxamento.

Respiração:
(a) Respiração básica (esta naturalmente acompanha a postura de relaxamento).
(b) Respiração rítmica regular com, digamos, 7 segundos de inspiração, e 7 segundos de expiração, durante seis inalações.
(c) Você pode ou não decidir fazer a respiração de fole; se a fizer, limite-a a seis inalações.

Os itens acima não devem durar mais de 4 minutos, no máximo 5.

Comportamento: Lembre-se das cinco *autorrestrições* e das cinco *autodisciplinas*.

Escolha uma delas a cada dia, e pode ser uma boa ideia limitar-se à que foi escolhida durante toda uma semana. Depois escolha uma outra para a semana seguinte, e assim por diante até perfazer os dez comportamentos cada dez semanas. A quantidade de tempo reservado para isso dependerá de quanto tempo você possa dispor para sua prática de *yoga*. Suponhamos que de 2-3 minutos.

Restrição dos Sentidos: Nesse estágio você pode dispor de alguns minutos a cada dia para restringir um dos sentidos, escolhendo-os na ordem que é dada nas lições 4 e 5. Posteriormente, você não precisará incluir isso como exercício separado, já que será feito automaticamente quando você começar a meditação.

A revisão dos cinco primeiros estágios de *Rāja Yoga* dada acima pode ser feita em 10 minutos. Se você não conseguir dispor de mais de 5 minutos para se permitir pelo menos 10 minutos para concentração e meditação, então você deve praticar o comportamento ou um exercício de restrição dos sentidos a cada dia, e alguns dias você pode omiti-los completamente.

(2) *Concentração* ou *Meditação*. A cada dia pratique um dos exercícios dados nesta lição. Seria bom praticar concentração durante dois dias e meditar no terceiro dia. Se você se permitir de 5-10 minutos para este exercício, deve poder administrar a prática diária de *Rāja Yoga* em 15-20 minutos.

Será necessário gastar pelo menos quatro semanas com cada lição. Isso permitirá que você tenha uma quantidade de prática razoável em concentração e meditação, mesmo que pratique estes estágios diariamente apenas de 5-10 minutos por dia.

Lição 8

VEÍCULOS DE CONSCIÊNCIA

O objetivo do *Rāja Yoga* é a obtenção do controle sobre os veículos inferiores de consciência pelo princípio mais elevado do ser humano, sua vontade. Os veículos inferiores incluem o corpo físico (o corpo de ação), com seu duplo etérico ou vital e a parte de nossa consciência mental-emocional ou pensamento-sentimento. Assim, controlar os veículos inferiores significa controlar as ações, os sentimentos e os pensamentos. Os sentimentos ou emoções abrangem nossa natureza do desejo.

Considera-se a natureza superior do ser humano como aquela parte que opera com ideias abstratas, visões amplas e um claro entendimento. Como acontece com a dualidade inferior do pensar emocional, existe uma dualidade superior que é a mente iluminada. Aqui o intelecto é substituído pela mente, e os sentimentos ou emoções o são por um princípio que tem sido chamado de intuição, mas que é provavelmente melhor descrito como inspiração, iluminação, compreensão.

Acima dessa mente iluminada está a vontade, não a vontade caprichosa de uma criança rabugenta ou de um déspota, mas a força diretora de um espírito bem-equilibrado que alcança seu objetivo por meio de uma calma perseverança.

Como a ciência do *Yoga* tem origem na antiga literatura sânscrita, é interessante conhecer os termos sânscritos para os veículos ou princípios de consciência acima mencionados, uma vez que as traduções nem sempre dão o pleno significado.

Kāma é o princípio do desejo. *Manas* é o princípio pensante. Assim, *kama-manas* juntamente com o corpo físico constituem o eu inferior do homem.

Buddhi é, no homem, o princípio que lhe dá consciência ou iluminação espiritual. *Manas* é dual, podendo portanto ser associado a *kāma*, os sentimentos, ou a *buddhi*, o aspecto espiritual. Assim, *buddhi-manas* é o Eu Superior, ou o Espírito do ser humano que subsiste após a morte de seus veículos inferiores.

Ātman é o mais elevado princípio do ser humano, o puro Eu. É a esse princípio que chamamos de vontade na introdução ao tema da constituição do homem que fizemos acima. 'Vontade Divina' poderia dar uma ideia mais clara desse princípio superior.

Ātman é tanto universal quanto individual. Assim o ser humano, através do seu princípio superior de *Ātman*, tem raízes no Eu Universal ou Espírito do universo, e contudo tem também uma existência individual no seu próprio Eu Superior. É o princípio *átmico* que dá a *buddhi-manas* uma identidade, como consciência espiritual. Nessa consciência, *Ātman* manifesta-se como compreensão, julgamento, discriminação. Por essa razão, frequentemente encontramos o Eu Superior sendo chamado de *Ātmā-buddhi-manas*.

Aquele que transcendeu as limitações do Eu individual é um *Mahātma*, está além de *Ātmā*. Sua consciência fundiu-se com o Eu Universal.

A explicação acima sobre a constituição do ser humano, do seu eu inferior e do seu Eu Superior, foi dada porque estamos agora nos aproximando do clímax do treinamento de *Rāja Yoga*, a realização da união com o Real, o Eterno: a abertura das portas dos veículos inferiores de consciência ao poder do Eu Universal.

CONCENTRAÇÃO 4

Concentração sobre o Eu (*Ātman*)

Sente-se como de costume. Faça algumas respirações profundas. Retire a consciência dos sentidos.

Diga para si mesmo – O meu Eu Verdadeiro está além do tempo. Eu vivo no Eterno.

Enquanto repete essas duas frases, sinta sua consciência focada num ponto interior. Segundo sua própria inclinação este ponto pode estar na região do coração ou na cabeça. Não tente pensar profundamente sobre o tema do Eu, apenas sinta aquele ponto de consciência que é o Mestre de todo nosso ser.

Agora diga – eu sou o Eu.

Esse Eu sou eu.

E assim sinta toda sua consciência focada num ponto, um ponto que não tem lugar nem tempo.

Faça isso até o máximo de 3-4 minutos. Posteriormente levaremos essa ideia para o estágio de meditação, mas neste ponto do treinamento você está apenas aprendendo a manter a atenção focada naquela ideia única – o Eu, a centelha divina. Se você tiver inclinação para a prática cristã pode pensar no 'Cristo interno' ou no 'Reino dos Céus dentro do seu coração'. Em termos mais gerais, pense no Eu como sendo o imortal dirigente interior.

Conclua esse exercício permitindo que o ponto de consciência interior expanda-se novamente até abarcar todo o corpo com sua complexa organização, seus sentimentos, seus pensamentos.

MEDITAÇÃO 3

Os temas sugeridos para a meditação são os que já foram usados para a concentração. Assim, na lição 6 escolhemos um objeto concreto externo, como por exemplo uma maçã, que foi usada para a concentração na lição 5. Na lição 7 escolhemos uma ideia, tal como uma virtude, que usamos para a concentração na lição 5. Nesta lição utilizaremos uma citação, como a usada na lição 7, e então desenvolveremos a concentração dessa lição 8, sobre o Eu, até o estágio de meditação.

Meditação sobre uma Citação

Na lição 7, você fez uso de várias citações na prática da concentração. Agora você deve usar as mesmas citações para a meditação. Gaste um minuto ou dois fixando a atenção na citação, repetindo-a várias vezes para si mesmo e então prossiga até desenvolver os pensamentos referentes a ela. O que ela significa? Qual é sua profunda significação?

Comece relacionando as ideias da citação à sua própria vida, e então se torne gradualmente impessoal, tentando entender a significação da citação sem qualquer referência a você mesmo.

Comece pelo mesmo exemplo usado anteriormente:

> Nenhum homem é uma ilha, fechado em si mesmo:
> todo homem é um pedaço do continente,
> uma parte do principal.

Essa é a citação completa de John Donne, mas somente o primeiro verso foi usado no exercício de concentração para manter a mente dentro dos limites. Para a meditação você pode usar toda a citação, já que vai pensar profundamente sobre o tema.

Passe rapidamente pelo estágio de concentração repetindo as frases até que todo seu pensamento esteja concentrado nelas, isto é, 'ancorado nelas'.

Então pense no tema com mais detalhe. Uma ilha é cercada de água, que isola seus habitantes do continente. Se pensar em mim mesmo, minhas necessidades, meu futuro, sou como uma ilha, separado das outras pessoas, não interessado no seu bem-estar.

Mas homem algum é uma ilha, por isso não posso permanecer indiferente, devo viver em associação com as outras pessoas. Os seus interesses são os meus interesses. O seu bem-estar também é preocupação minha.

Não estou só, não estou isolado das outras pessoas. Elas me influenciam e eu as influencio. Por isso devemos compreender nossos interesses comuns.

Somos todos diferentes, mas compartilhamos uma humanidade comum, uma fraternidade comum. Deixe que o pensamento repouse aí. Sinta aquele vivo intercâmbio entre as pessoas, entre si mesmo e seus vizinhos. Envolva-os em sua consciência.

Você poderá pensar profundamente a respeito da citação de muitos ângulos diferentes. Deixe que a mente faça isso, mas não permita que ela se afaste do tema principal. Em outras palavras, você pode olhar para a citação de diferentes pontos de vista, mas jamais perca de vista o tema da citação; ninguém se desvia para uma corrente de pensamentos que termina sem qualquer conexão clara com o tema original.

Pode-se terminar uma meditação como essa deixando que pensamentos de amor e compreensão fluam para toda a vizinhança com um forte sentimento de que você é parte integrante e cooperativa dessa vizinhança.

Meditação sobre o Eu

Aqui também você irá utilizar o mesmo tema que escolheu para a concentração, e transmutar seu pensamento em meditação. Comece esse exercício após ter passado vários dias concentrando-se sobre o Eu (*Ātman*), como foi anteriormente explicado nesta lição.

Enquanto se concentrava, você evitou pensar *profundamente* no tema. Na meditação, você pondera sobre todos os aspectos antes de focar a consciência na compreensão de todo o significado do tema. Neste caso, temos como meta a Autorrealização com todo o poder oculto que o pensamento pode evocar.

Você pode usar os seguintes pensamentos quando começar a meditação sobre o Eu; aliás, esta fórmula pode ser usada como uma introdução a todos os tipos de meditação.

Após sentar-se relaxado e após fazer algumas respirações profundas, diga:

O corpo está repousando (Sinta-o relaxado, descansado).
Eu não sou o corpo (Sinta a consciência retirando-se do corpo físico para o veículo de sentimento).
Minhas emoções estão calmas (Sinta as emoções perdendo toda excitação, euforia ou depressão).
Sinto o amor envolvendo tudo.
Mas não sou minhas emoções. (Sinta a consciência retirando-se do veículo das emoções. Sinta a mente como controladora dos sentimentos e continue):
A minha mente está firme. Eu compreendo.
(Aqui você não precisa dizer, nem pensar, o que você compreende: nem 'eu compreendo as outras pessoas', nem 'eu compreendo o que estava estudando ou sobre o que estava meditando', mas apenas 'eu compreendo', no sentido de que eu apreendo mentalmente, percebo a significação; ou dito de modo algo coloquial 'sei o que estou fazendo'. Uma outra maneira de descrever isso é que removi todas as incertezas e por isso minha mente está firme).
Mas eu não sou a mente.
O Eu é sábio. O Eu controla meus pensamentos. Eu sou o Eu. (Nesse estágio você deve pensar sobre o Eu. Recapitule na mente o que foi dado no início desta edição a respeito do Eu Superior, *buddhi-manas*, e a respeito do mais elevado princípio humano, a vontade, *Ātman*, prosseguindo então até o clímax da seguinte maneira:
Dentro de mim está a centelha divina, a luz interior. Este é o verdadeiro Eu, Eterno, além do espaço e do tempo. Eu sou esse Eu, esse Eu sou eu.

O que foi dito acima pode estar baseado na ideia de se alçar a consciência para níveis cada vez mais elevados, ou de se retirar a consciência da periferia externa até um centro interno. Faça uso de qualquer método que se apresente mais prontamente; você pode ter que tentar ambos para se decidir sobre qual irá usar. Qualquer que seja o método que você use, chegará um momento em que os veículos inferiores da consciência serão transcendidos, e isso inclui a mente, o que significa que você deixa de pensar porque você simplesmente existe, você é, e esse será o estágio inicial da contemplação. Para voltar ao mundo a partir de uma meditação assim, pense na Luz do Supremo iluminando a mente e diga:

> Possa minha mente ser irradiada com sabedoria.
> Possa meu coração ser preenchido com amor.
> Possa meu corpo ser forte.

Faça então algumas respirações profundas e retorne à plena consciência mundana com o forte sentido de um poder interior que irá guiar suas atividades diárias.

CONTEMPLAÇÃO 1 (*Samādhi*)

Samādhi deriva-se de *sam*, juntos, e *ādhā*, conduzir, daí significar literalmente conduzir juntos, ou unir. Tem sido interpretado como unir a consciência inferior ou eu, à consciência superior ou Eu; mas na verdade é um estado de existência completamente controlado *em todos os níveis*. A consciência pode ser alçada até o nível do princípio mais elevado do homem, sua vontade ou *ātman*, mas ele leva seus princípios inferiores com ele. Nesse sentido, ele não rejeita seus elos inferiores ou externos com o mundo exterior, mas transmuta-os numa 'totalidade', numa unidade de Espírito.

Diz-se que, em *samādhi*, a consciência, com suas faculdades, é levada à unidade ou à união com a essência mesma do ser, que está acima até mesmo do mais elevado princípio do homem, acima de *ātman*.

H.P. Blavatsky define o *samādhi* como 'o estado no qual o asceta perde a consciência de toda individualidade, inclusive a própria'.

Isso implica que existe não apenas união entre o superior e o inferior, mas também entre o um e os muitos.

Tem-se usado o termo contemplação assim como a definição acima tem sido usada em muitos livros de Yoga, mas deve-se reconhecer que a ampliação dada acima é necessária. Esse é o oitavo passo no *Rāja Yoga*, a meta de nossa prática. Na meditação, tentávamos alcançar a essência do tema escolhido. Na contemplação, tentamos experienciar a percepção impessoal dessa essência.

Na concentração e na meditação, a mente esteve aplicada ao tema, pensando a respeito do tema. Na contemplação, transcendemos a mente, deixamos de pensar, viemos a ser.

Isso não é fácil. Só podemos adentrar esse estado por um ponto de nossa consciência, mas se pensarmos que estamos em *samādhi*, então não mais estamos lá, nossa consciência caiu para o nível mental. Na contemplação estamos além do pensamento.

Patañjali explica isso desta maneira: 'Quando a mente está tão ocupada unicamente com o objeto, a tal ponto que parece não haver existência pessoal, isso é *samādhi*' (I. 41). (Tradução livre de W. B. Gibson, *The Key to Yoga*).

À medida que vamos nos aproximando desse estágio final compreendemos que será difícil dar instruções detalhadas, já que o uso de palavras irá necessariamente manter a mente ativa e acorrentada ao mundo externo. O estudante deve, portanto, usar os exercícios seguintes da melhor maneira possível, e tentar alcançar uma experiência, em vez de uma realização intelectual. Tal experiência é descrita como 'quando todas as dores cessam, todas as misérias desaparecem, quando as sementes da ação são queimadas, e a alma liberta-se para sempre' (*Rāja Yoga*, Vivekananda).

À vista do que foi dito acima, os exercícios de contemplação nesta lição e na seguinte são apresentados com o mínimo de palavras possível. A contemplação tem sido descrita na maioria dos livros sobre o assunto como trabalhosa e difícil de se alcançar. A experiência mostra que ela não precisa ser difícil, mas isso irá depender de quanto o aspirante se tenha preparado. Não espere resultados rápidos. Verifique todos os estágios preliminares, as cinco preparações, e depois a concentração e a meditação. Você pode tentar a contemplação antes de se aperfeiçoar na concentração e na meditação, mas então retorne um semnúmero de vezes aos estágios anteriores. Você irá se surpreender com o resultado final.

Contemplação sobre uma Citação

Primeiramente busque algumas das citações usadas para a concentração (lição 7) ou para a meditação (nesta lição), e ao encerrar o estágio de meditação simplesmente pare de pensar e experiencie o fruto do pensamento. Em particular, use a citação 'Nenhum homem é uma ilha', e a seguir 'envolvendo todos seus vizinhos em sua consciência', pare de pensar e simplesmente experiencie essa ampla expansão de consciência.

Termine o exercício como foi sugerido para essa meditação.

O que foi dito acima lhe apresentará a ideia que você almeja alcançar. Então será mais fácil, no que diz respeito à concentração, fazer uso de mais citações abstratas tais como:

> Verdadeiramente sou o Ilimitado.
> Quando desejo a divindade, torno-me divino.
> A verdade é a luz do mundo.

A primeira citação acima pode ser elaborada por meio da meditação sobre nossos veículos inferiores de consciência da seguinte maneira: pense no corpo físico com suas limitações. Depois compreenda como expandimos a apreensão do mundo à nossa volta viajando e lendo a respeito de outros lugares, por meio da experiência vicária. Dessa maneira começamos a entender como podemos transcender as limitações do corpo físico pelo poder do pensamento.

Mas o próprio pensamento tem suas limitações. Podemos pensar apenas em termos da experiência passada ou da experiência comunicada. Quando pensamos criativamente estamos expandindo nossa consciência mental.

Haverá um poder dentro de nós que consiga transcender o pensamento – um reino, por assim dizer, onde não haja conflito de ideias, onde tudo seja harmonia? A harmonia é oniabarcante, ilimitada.

Assim, eu sou ilimitado, além do espaço, nem aqui, nem ali, mas em toda parte – e a esta altura pare de pensar, experiencie o Infinito. Retenha a experiência por um segundo, talvez por vários segundos. O tempo não importa nessa experiência.

Uma experiência assim, um exercício assim precisa ser encerrado lentamente, respirando-se firmemente, uma lembrança não excitada e calma de que voltamos ao mundo para auxiliá-lo, que aceitamos a limitação, que podemos ajudar os outros que são igualmente limitados, limitados no modo de pensar, limitados em seus escapes emocionais, em seu ambiente físico. Pense 'possamos nós, criaturas deste mundo, encontrar libertação à medida que renunciamos às coisas mundanas para o serviço da natureza espiritual'.

Contemplação sobre uma Virtude

Utilize o mesmo exemplo das lições 5 e 7 – simpatia. Passe um minuto ou algo assim concentrando-se sobre a compaixão (lição 5), depois cerca de 5 minutos meditando sobre o tema (lição 7).

Quando tiver alcançado o ponto de meditação sem semente, simplesmente deixe que sua consciência mergulhe num estado de perfeita compaixão, uma expansão de consciência que você não consegue descrever, mas apenas experienciar. Esse é um estado de sentimento exaltado que é melhor descrito como um êxtase de compaixão por toda Natureza.

Esse exercício, tal como acontece com todos os exercícios de contemplação, deve ser encerrado sem permitir o envolvimento das emoções. Na verdadeira contemplação, *samādhi*, você fica além das emoções, tal como fica além dos pensamentos. Se você conseguir fazer esse exercício de maneira impessoal, então evitará o perigo de uma explosão emocional, pois é o aspecto pessoal que superestimula a natureza emocional.

PRÁTICA DIÁRIA

Durante esta lição, você deve trabalhar os exercícios de concentração, meditação e contemplação dados na lição, mas comece sempre com o relaxamento e os exercícios respiratórios.

O principal trabalho deve ser na meditação, que pode ser seguido de uma breve experiência na contemplação do mesmo tema. A essa altura do treinamento, você irá começar a entender a diferença que ocorre quando a mente passa da meditação para a contemplação, mas não tente tornar a mudança muito definida como se fosse um passo dado. Deixe um fundir-se no outro.

Lição 9

CONTEMPLAÇÃO 2

Do que foi dito na última lição e de sua experiência com os exercícios, você terá compreendido que os temas para contemplação devem ser de natureza abstrata. Na concentração, pode-se usar qualquer tema – de um objeto concreto a um princípio abstrato. Isso também pode ser feito na meditação como exercício técnico, embora para sua aplicação prática seja melhor usar ideias e não objetos concretos.

A meta do *Rāja Yoga* é encontrar o Eu interior. 'O *yogue* não olha para os céus para encontrar Deus. Ele sabe que ELE está dentro dele' (*Light on Yoga*, Iyengar). Assim, quando atinge o clímax da meditação, o *yogue* passa para o estado de êxtase, onde suas faculdades de emoção, pensamento e sentidos físicos ficam aquietados como no sono, e contudo sua sabedoria e compreensão estão alertas. Ele transcendeu o pensamento como tal e se tornou um centro iluminado do que pode ser mais apropriadamente chamado de supraconsciência, um dínamo vívido e alerta de 'energia tranquila'. Isso é *samādhi*.

Recomenda-se, portanto, que os temas usados para contemplação devam ser de tal ordem que elevem o nível de consciência da experiência mundana para o centro interno que transcende a experiência, que se encontra além da consciência normal e que está em contato com o Eu Universal, a vida do Cosmo.

Podemos pensar no Eu interno como um ponto de consciência, mas ao mesmo tempo ele engloba o universo – por esta razão utilizou-se a palavra supraconsciência. No interior do Eu não existe senso de eu ou meu. Existe apenas uma experiência de indescritível alegria, uma paz que ultrapassa o entendimento, um poder maior que toda autoridade mundana. O conhecedor e o conhecido tornaram-se um.

A meditação comum pode e deve ser usada para o controle do comportamento, para o assim chamado desenvolvimento espiritual, para a disciplina mental, e para abrir as portas da mente. Mas a contemplação requer maior intensidade em um nível superior, e assim os temas sugeridos são geralmente associados ao Eu Universal, à experiência de Bem-Aventurança, às qualidades que são oniabarcantes em sua ação.

Contemplação sobre o Eu

Comece como foi sugerido para a meditação sobre o Eu (p.83), isto é, omitindo o estágio de concentração.

Quando a mente tiver ponderado profundamente sobre a ideia do Eu, silencie-a. O estágio seguinte, contemplação, pode ser considerado como uma forma de concentração, mas num nível mais elevado e sem forma. Simplesmente sinta esse centro interior.

Torne-se o Eu Universal.

Já foi dito que estes exercícios de contemplação devem necessariamente ser apresentados com o mínimo de palavras possível. Se, no entanto, você ler o que vem a seguir *antes de* começar a meditação, poderá adentrar mais facilmente a atmosfera do que está tentando fazer.

Sinta o centro mais recôndito do seu ser como um ponto de consciência que está completamente retirado de todo contato externo. Sinta-o como um centro através do qual o poder de cima pode fluir. Sinta toda sua consciência focada nesse ponto. Sinta-se radiante, puro, sutil.

Agora você é onipresente, onisciente, onipotente, mas como tal é abnegado, porque você é 'Todo-Eu'. Você é um com o Eu do Universo.

As citações a seguir irão também ajudar a criar uma compreensão do Eu:

O irreal não tem existência;
o Real jamais deixa de ser.

O sábio abandona todos os desejos do coração
e fica satisfeito no Eu pelo Eu.

O eu disciplinado, dominado pelo Eu,
dirige-se à Paz.

(As citações acima são adaptadas da *Bhagavad-Gitā*)

E agora o teu SER está perdido no SER,
tu mesmo em
Ti mesmo,
imerso naquele SER do qual anteriormente irradiaste.

A Voz do Silêncio*

O Espírito dentro do meu coração é menor que um grão
de arroz, do que um grão de cevada,
ou um grão de mostarda.
Contudo, é maior que a Terra, maior que
o céu, maior que todos estes mundos.

Upanishades

O eu, harmonizado pelo *Yoga*,
vê o Eu em todos os seres,
todos os seres no Eu;
em toda parte ele vê a mesma coisa.

Bhagavad-Gitā

Contemplação sobre o Impessoal

Tal como com o exercício anterior, comece meditando sobre o tema. Você agora não precisa pensar sobre o estágio de concentra-

---

* BLAVATSKY, H. P. *A Voz do Silêncio*. Trad. Fernando Pessoa. Brasília: Teosófica, 2011. (N.E.)

ção. Futuramente você irá praticar a concentração apenas como exercício ocasional para não esquecer como focar a atenção sobre o tema. Quando começar qualquer meditação, o simples ato de escolher o tema deve ser suficiente para focar a atenção nesse tema, para que você comece imediatamente a pensar profundamente no mesmo como um ato de meditação.

Sendo o impessoal negativo*, a mente começa considerando o positivo, o pessoal, isto é, o que diz respeito à pessoa. Eu e minhas posses. Meus desejos, meus pensamentos. Meus preconceitos. Eu e meu.

Mas o impessoal significa não ter personalidade, não ter referência a uma pessoa, não ter existência pessoal nem identidade, não ter caráter pessoal distintivo.

O impessoal é aquele pano de fundo sombrio*, por trás da manifestação, que não está em definitivo associado a qualquer objeto ou entidade particular.

Siga esses pensamentos sentindo a própria essência da impessoalidade. Liberte-se tanto das posses quanto da identidade.

Tal como no exercício anterior, se você ler o que vem a seguir antes de começar a meditação, poderá entrar no estágio de contemplação como um clímax natural para a meditação.

Sinta-se livre como o ar. Você é um espírito. Suas experiências passadas não influenciam seus pensamentos atuais, porque você está livre do passado. Tampouco os planos futuros influenciam você; você está livre do futuro.

Você não é atraído nem repelido pelo que vê ou ouve. Você é bastante impessoal.

As citações a seguir também podem ajudar:

> Nada busco para o eu separado.
> Estou contente por estar na luz ou nas trevas,
> por ser ativo ou passivo,

---

* Aqui a palavra não tem a conotação de nocivo, mas sim de contrário, como o negativo de uma fotografia, sombra, ou ausência. (N.E.)

por trabalhar ou esperar,
por falar ou estar em silêncio,
por ser elogiado ou repreendido,
por sentir dor ou alegria.

No estado de abnegação sem pensamento jaz o Espírito Oculto do Universo.

Estou no mundo, mas não sou parte dele.

Mate todo o sentido de separação.*

Procura pela flor que desabrocha durante o silêncio que se segue à tormenta: não antes. Ela crescerá, se desenvolverá, lançará ramos e folhas, formará botões enquanto a tempestade prosseguir, enquanto perdurar a batalha. Porém, só quando toda a personalidade do homem estiver dissolvida e desvanecida ... o botão pode se abrir.*

Contemplação sobre a Unidade

Comece como uma meditação.
Elabore suas próprias ideias sobre a unidade usando o que vem a seguir à guisa de introdução. Unidade ou unicidade implica que partes de um todo são interconectadas e interdependentes de modo que cada parte compartilha da vida, do espírito ou da existência do todo, seja esse todo uma máquina ou um grupo de pessoas.
Unidade implica harmonia entre as partes. Cada parte tem sua própria função e pode ser diferente de todas as outras partes. Assim, a unidade não insiste sobre a uniformidade. Aplique essas ideias particularmente às relações humanas: à família, aos negócios ou à comunidade fabril, à cidade, à nação, ao mundo.

---

* COLLINS, Mabel. *Luz no Caminho.* Trad. Eduardo Weaver. Brasília: Teosófica, 2011. (N.E.)

Deixe seu pensamento atingir o clímax no sentimento de unidade, não apenas como uma sensação emocional, mas como uma experiência além da emoção ou do pensamento. Simplesmente seja essa unidade.

Você poderia trazer seu estágio mental para esse clímax dizendo para si mesmo, 'Sou da mesma natureza da existência fundamental, do conhecimento e da bem-aventurança, livre e autossuficiente, um com todos os outros'.

Então por um átimo, o céu se abre e o indivíduo torna-se um com todos os outros eus, um com todo o mundo, um com a Suprema *Superalma* (*Paramātma*).

Uma meditação desse tipo, uma experiência assim em contemplação, pode ser encerrada permitindo-se à mente mais uma vez reassumir o pensamento como uma invocação para que toda a humanidade seja iluminada por aquele espírito de unidade.

'Observe que a verdadeira alegria é todos os homens viverem juntos na Unidade'. Sinta a ideia irradiando-se para envolver o mundo inteiro.

Por fim, diga para si mesmo: 'Agora conheço essa unidade, retorno ao mundo para encontrar o meu próximo imbuído desse espírito'.

Uma Abordagem Alternativa

A ideia da unidade pode ser abordada de maneira totalmente diferente. Em vez de pensar na unidade como existindo entre pessoas, pense na unidade interior. Na harmonia entre nossos sentimentos e ações. No controle das emoções pela mente – uma harmonia geral de todos os veículos de consciência a partir do nível espiritual mais elevado.

Essas sugestões são feitas para lhe permitir elaborar diferentes linhas para si mesmo. A meditação com contemplação não pode ser imposta, deve ser autodesenvolvida até que se torne uma influência de fundo ao longo de todo o dia.

MEDITAÇÃO PARA AUXILIAR O PRÓXIMO

A sugestão a seguir serve como exemplo do valor prático da meditação.

Ao longo de idades, indivíduos e grupos de pessoas usaram o poder do pensamento para auxiliar o próximo: para curar os doentes, para promover 'as boas causas', para influenciar o mundo pela paz e pela boa vontade.

É interessante incluir-se tais ideias na meditação diária. Ajuda a manter a prática direcionada ao serviço do próximo, e não apenas ao próprio desenvolvimento espiritual pessoal.

Certas regras devem ser compreendidas antes de se empreender esse tipo de meditação.

Com relação à cura, é melhor enviar pensamentos de energia vital ao doente sem pensar na doença específica. Isso significa que você não pensa na pessoa com todas as suas dores e sofrimentos, mas visualizando-a forte e saudável.

Ao enviar auxílio de qualquer natureza a uma pessoa angustiada você deve ser bastante impessoal no modo de pensar. Não decida o que é bom para ela nem tente forçar o pensamento sobre ela. Não deve haver senso de compulsão. O pensamento deve apenas auxiliar a pessoa de modo que ela possa ser inspirada a fazer o que é certo, segundo a sua melhor percepção.

Ao auxiliar líderes mundiais devemos ser apartidários. Pense neles apenas como sendo sábios e iluminados, e não como se estivessem seguindo alguma linha de ação específica.

A sugestão a seguir é uma típica meditação de grupo para auxílio do próximo. O líder do grupo lê as frases lentamente, deixando intervalos de silêncio para os membros do grupo desenvolverem as ideias em suas mentes.

Comece sentando-se em círculo e deixe cada membro sentir que está em harmonia com todos os demais membros. Então continue:

Oferecemo-nos como grupo para sermos um canal para as forças da paz e da boa vontade.
Sintamos que estamos na presença dos Senhores da Luz, da Vida e do Amor.
Possam suas bênçãos fluir para nós para que possamos ser a corporificação da paz e da boa vontade.
Possam suas bênçãos fluir através de nós para todos que detêm cargos de poder:

> aos dirigentes e chefes de estado,
> aos líderes religiosos,
> a todos que ensinam em escolas e universidades,
> aos médicos e às enfermeiras,
> às mães e aos pais.
> Possa seu amor dimanar para todos.

Encerre assim:

> Possam nossas mentes ser irradiadas com sabedoria.
> Possam nossos corações ser preenchidos de amor.
> Possam nossos corpos ser fortes.

O exemplo acima exige poderes elevados. Devemos, portanto, ter confiança em nossa capacidade de ajudar. O motivo de usar-se uma expressão como: 'Possamos ser um canal' é para que ela nos ajude a ser impessoais. O treinamento em *Rāja Yoga* deve tornar-nos impessoais, e assim podemos 'atrever-nos a enviar nossas bênçãos', não no sentido de forçar nossas ideias sobre os outros, mas 'dando a cada um segundo sua necessidade'.

Você poderá adaptar o exemplo acima a qualquer outra forma de ajuda ao próximo.

Certamente que qualquer meditação de grupo para auxílio ao próximo pode ser adaptada para uso por um indivíduo na sua meditação pessoal. Você pode decidir-se a elaborar uma forma mais curta como prática geral para o estágio de encerramento de sua meditação diária individual.

O *RĀJA YOGUE*

Agora você ultrapassou os oito passos do *Rāja Yoga* – do aperfeiçoamento ético e moral preliminar no comportamento ao clímax na contemplação. O que você alcançou e qual é o verdadeiro propósito desse esforço?

Falamos da contemplação, *samādhi*, como o objetivo último, o passo final, a meta e o objeto de todo Yoga. É melhor compreender que todos os passos são meios para um fim, e não o fim em si mesmo. Um exercício é sempre um meio; o fim é um estado de ser.

Qual é, então, o estado de ser do *Rāja yogue*? Ele é alguém que exerce controle sobre seus pensamentos, sentimentos e ações. Ele reconhece que o ser humano é um Espírito, e que a mente e o corpo são seus serviçais. Comporta-se em harmonia com o seu próximo, reconhecendo que todos são membros de uma Fraternidade Humana. Ele é, portanto, uma influência para o calmo julgamento e uma inspiração para a paz e a compreensão em qualquer comunidade para a qual se dirija.

Ele está consciente ou subconscientemente sintonizado com a fonte infinita de Existência, sendo portanto capaz de recorrer a essa fonte para inspiração e orientação. Mas tal inspiração resulta em ação que é abnegada. Não existe senso de superioridade, não existe senso de indiferença; o *yogue* calmamente observa a vida em todos os seus aspectos.

Com essa realização você pode ser um dínamo de poder espiritual.

PRÁTICA DIÁRIA

Enquanto durar esta lição, trabalhe os exercícios de contemplação nela contidos, sempre fazendo primeiramente o relaxamento e os exercícios de respiração, ou como introdução à meditação.

Três temas foram abordados: o Eu, o impessoal e a unidade. Você poderia elaborar meditações para si próprio sobre esses três temas tais como: Realidade, Amor, Harmonia, Verdade, Sinceridade. Em cada caso permita que haja aquele breve vislumbre da Realidade, além do pensamento, aquela breve experiência de *samādhi*. Você pode também experimentar a meditação sobre o auxílio ao próximo como meditação individual.

Lição 10

REVISÃO E CONSELHO PARA O FUTURO

Essa é a última lição, o que quer dizer que você completou o treinamento desse curso simplificado. Deve ter durado de 10-12 meses. O quão proficiente você se tornou em *Rāja Yoga* irá depender de quanto tempo você foi capaz de se dedicar à prática. A recomendação geral é de um mínimo de quinze minutos a cada dia, de preferência meia hora.

Agora você deve ter compreendido o benefício da disciplina do *Yoga* na totalidade da vida diária, e portanto desejará continuar pelo resto da vida. Essa lição é dedicada a sugestões para revisão e para o estabelecimento de um programa diário regular que se adapte à sua inclinação e circunstâncias.

Dê uma olhada nas nove lições para tê-las numa perspectiva adequada e para avaliar o quanto realizou. Você deve também decidir quanto da totalidade do curso deseja adotar.

Decida então se está pronto para prosseguir com o programa por você mesmo planejado, ou se deseja seguir todas as nove lições mais uma vez. Tendo completado o curso, você pode sentir que o concluiu muito rapidamente. Pode sentir também que, possuindo todo o embasamento do curso, pode fazer melhor uso de cada lição começando novamente do início.

Na Introdução, foi assinalado que o *Rāja Yoga* formal compreende oito passos (*ashtānga*), que, espera-se, a pessoa siga na ordem dada. Nesse curso preferimos recomendar ao aspirante dar vários passos harmoniosamente.

Comportamento

No comportamento estão incluídas cinco *autorrestrições* e cinco *autodisciplinas*. O objetivo dessas recomendações para o controle moral e ético é assegurar que o pretenso *yogue* tenha o controle sobre sua conduta antes de adquirir maiores poderes tais como os que inevitavelmente irá adquirir com a prática do *Rāja Yoga* avançado. Utilizamos cinco lições para desenvolver esse tema, já que a pessoa consegue progredir mais firme e facilmente se não tentar abarcar um campo muito amplo de uma só vez.

Você deve entender que as dez injunções para o bom comportamento não são tudo que se espera do aspirante. Elas devem ser consideradas como exemplos de aspectos mais óbvios do que é o necessário para o bom comportamento, e que proveem uma fundação sólida.

Para cada injunção foi escolhida uma palavra-chave para descrevê-la, tal como *não violência* para a primeira autorrestrição. No texto foram dadas traduções alternativas para o termo sânscrito original (neste caso, *ahimsā*), isto é, não ferir, não matar, não causar dor física ou mental; ou foram expressadas positivamente como: gentileza, assistência.

Faça sua própria lista das dez injunções e escolha suas próprias palavras-chave para não as esquecer. Ao fazer isso, tenha em mente que as cinco restrições são injunções do que não se fazer, e as cinco disciplinas são injunções do que você deve fazer. Você pode preferir expressar todas as dez como afirmações positivas, na verdade isso seria melhor (ver pp. 17-18). A razão para dar as restrições na forma negativa, em primeiro lugar, é porque assim se segue a antiga tradição do *Yoga*.

Disciplina Corporal

Nossa vida aqui na Terra é tão constrita pelas limitações do corpo físico que deveríamos fazer o que pudéssemos para assegurar que ela fosse tão saudável e conveniente quanto possível, daí a atenção quanto à higiene e à dieta.

Deve-se também dar atenção ao exercício físico adequado. No *Hatha Yoga* estão incluídos exercícios especiais de alongamento. Esses exercícios não são para desenvolvimento muscular, mas para permitir o livre fluxo de vitalidade para todo o corpo. Estes exercícios são chamados de posturas (*āsanas*, ver p. 20) porque em cada caso o corpo curva-se ou alonga-se numa posição especial para o livre fluxo da energia vital. Não são exercícios em movimento.

No *Rāja Yoga* as únicas posturas especificamente incluídas são as usadas quando em meditação, isto é, são diferentes maneiras de sentar-se com as pernas cruzadas sobre o chão ou sobre uma almofada. Neste curso apresentamos uma postura que não é usada na prática indiana tradicional do *Yoga*. É a postura egípcia, baseada nas estátuas, relevos ou gravuras de parede do Egito antigo. Use a postura de pernas cruzadas se for fácil para você; caso contrário, mantenha a forma egípcia.

Respiração

No *Rāja Yoga,* o controle da respiração está limitado ao estabelecimento de uma respiração firme, plena e relaxada como hábito regular. Não há necessidade de se forçar a diminuição da respiração, desde que ela seja regular e rítmica. Simplesmente adote um ritmo respiratório que seja fácil e confortável.

Durante a meditação, a respiração ficará um pouco mais lenta do que isto, digamos até 7 segundos para inspirar, e 7 segundos para expirar. Faça isso durante seis inalações antes da meditação, então deixe que os pulmões assumam o seu próprio ajuste. Seus pensamentos estarão então em outro lugar, não na respiração.

Demos também uma ideia da associação entre respiração e *prāna* segundo a tradição do *yoga*: *prāna*, o princípio vital não físico que perpassa todo o universo.

Restrição dos Sentidos

O controle dos cinco sentidos é uma preliminar necessária para o controle mental. Os sentidos nos mantêm em contato constante com o mundo, mas suas impressões podem ser superexcitantes e às vezes enganadoras. Devemos ser capazes de olhar para dentro, sem sermos perturbados pelas distrações do mundo externo. Fazemos isso particularmente quando efetuamos algum exercício mental, tal como concentração ou meditação.

Outras vezes temos que aprender o valor prático dos sentidos; portanto, eles devem ser mantidos alertas e sensíveis.

Restrição dos sentidos em sentido amplo significa controle dos sentidos. Essa restrição é negativa quando a mente deseja ser livre, e positiva quando em contato com o mundo ao redor.

Os cinco passos do *Rāja Yoga* dados acima são considerados preliminares e preparatórios. São chamados de passos externos ou membros (*bahiranga*). Sua prática leva ao controle disciplinado dos veículos externos ou inferiores da consciência, de modo que a mente possa estar livre para olhar interiormente, não perturbada pelo exterior.

Supõe-se que os primeiros cinco passos levaram até algum grau de proficiência por volta da lição 6, embora a pessoa possa não se sentir satisfeita até que tenha repetido aquelas seis lições. Assim, não é necessário continuar repetindo os cinco passos externos como prática permanente de *Rāja Yoga*; eles devem ser mantidos na mente da pessoa como pano de fundo para a vida. Para alcançar esse estado você deve ocasionalmente revigorar a memória relendo, nas primeiras sete lições, as sessões que lidam com o comportamento, com a disciplina do corpo, com a respiração e com a restrição dos sentidos.

A respiração e a restrição dos sentidos não precisarão de muita atenção especial já que você estará aplicando estes controles sempre que meditar.

Os três passos seguintes em *Rāja Yoga* são internos (*antaranga*). Eles operam no interior da mente. Todos os três são às vezes chamados pelo termo genérico de meditação, mas é comum especificar-se os estágios como concentração, meditação e contemplação. Como essas palavras não definem plenamente os estágios, preferimos os termos sânscritos: *dhāranā*, *dhyāna* e *samādhi*.

Concentração (*dhāranā*)

É o fato de focar toda atenção sobre um tema, que pode ser um objeto concreto ou uma ideia abstrata. Todos fazemos isso alguma vez durante o dia quando estamos particularmente interessados no que está sendo feito ou quando estamos fazendo algo complicado que requer atenção especial.

Na prática do *Rāja Yoga* é comum fazer-se um exercício definido de concentração e não apenas contar com as atividades normais diárias da pessoa. Deve-se, portanto, reconhecer que tais exercícios são apenas ginástica mental, e que exercitam a mente do mesmo modo como os exercícios físicos exercitam o corpo de um atleta.

Quando adquirimos bastante prática na meditação não precisamos continuar a concentração como um exercício separado; automaticamente concentramos a atenção no que estamos fazendo, logo que começamos a meditar. Alguém pode, certamente, preferir fazer exercícios ocasionais de concentração, apenas para satisfação pessoal, mas isso irá depender da inclinação pessoal.

Meditação (*dhyāna*)

No futuro, esse estágio será a principal prática diária. Aqueles que têm esse hábito como algo estabelecido descobrem que a meditação matinal é tão necessária para a alma quanto o é o alimento para o corpo.

Nos exercícios das lições 6-9, foram dados temas específicos para cada meditação. Sugere-se agora que você construa uma forma definida para sua meditação diária, combinando vários tipos diferentes de temas a serem usados como itens numa sequência.

Aqui são dadas algumas sugestões, mas será melhor que você posteriormente escolha seus próprios itens e faça seu próprio programa. Considere as quatro sugestões a seguir, experimente-as, trabalhe alternativas e as experimente, e por fim chegue ao seu próprio arranjo, que pode ser encaixado na prática diária total sugerida posteriormente nesta lição.

I

Faça uma invocação ao Supremo, por exemplo, 'Eu invoco meu Eu Superior', ou 'Eu me abro ao poder do Supremo Ātman'.

Crie uma atitude de devoção, por exemplo, 'Ofereço minha devoção aos Grandes Seres', ou 'Devoto minha vida ao serviço dos Grandes Seres'. Aqui você irá pensar no seu ideal: os Sagrados Seres, o Cristo, o Senhor do Mundo, o Espírito Universal, o princípio do Amor Universal, etc., de acordo com a crença pessoal.

Medite sobre o tema escolhido para o dia (por exemplo, uma virtude, uma citação ou uma ideia).

Evoque dentro de si mesmo o espírito daquele tema.

Emita uma bênção baseada no tema.

Retorne à consciência externa com o pensamento de que as ideias sobre as quais meditou podem estar ativas na sua própria vida.

II

Preparação pela recitação de um verso de um livro devocional.
Retire-se do mundo externo para o Eu interior.
Isso pode ser feito pensando-se da seguinte maneira:

Meu corpo físico está relaxado, à vontade, sossegado. Pausa.
Minhas emoções irrequietas estão se aquietando, tornando-se gentis e felizes. Pausa.
Minha mente está aquietada, calma, serena. Ela reflete a Paz do Eu. Pausa.
Eu sou o Eu. Esse Eu sou eu.

Faça um esforço para entrar em contato com a Realidade ou com alguma outra qualidade escolhida como tema (por exemplo, unidade, paz, harmonia, etc.). Essa é a peça central da meditação e pode levar a uma breve experiência de *samādhi*.

Distribuição: pensar no espírito ou na essência da Realidade irradiando para dar ao mundo um vislumbre da experiência que você teve.

Conclusão: deixe que a ideia (por exemplo, Realidade) ilumine sua mente, harmonize suas emoções, fortaleça seu corpo.

(Adaptado de um panfleto sobre *Meditação em Grupo* editado pela Sociedade Teosófica da Inglaterra).

III

Oferecendo-se para o serviço.
Invocação. Recite um verso apropriado ao elevado ideal escolhido.
Aspiração. Pense nesse ideal elevado.
Invocação de bênção. Compreenda que o Eu pode experienciar esse elevado ideal.
Distribuição. Permita que a bênção se irradie para os outros.
Invocação final. Recite mais uma vez o verso do início.
Alguns versos apropriados para a prática acima são:

> Quanto mais plenamente se aceita e se honra a vida no presente, mais fácil e belamente ela flui em direção ao futuro.

Conhecer o não Eu em nossa natureza é o caminho para o conhecimento do Eu.

O significado de todo o Universo está contido no Eu. Esse Eu está no coração de cada ser humano, e está em sua própria natureza buscar esse significado por meio da ação e da experiência.

Conheça por si mesmo o caminho pelo qual deve seguir – não dependa dos outros.

Na Vontade Espiritual não há coerção de um sem vontade, pois a Vontade é una e move-se como um todo.

IV

Fixe a mente no centro do coração ou no centro entre as sobrancelhas (ver p. 69 et seq.) E retire a consciência dos sentidos exteriores colocando-a sobre esse centro. Isso põe todo o corpo sob o controle da vontade. É um processo de 'concentrar-se'. Todos os sentimentos externos são absorvidos nesse ponto uno central. Você se tornou 'pura mente'. Isso pode levar apenas 12 segundos, mas você pode precisar de um minuto ou algo assim nos estágios iniciais.

Faça uma saudação aos mais elevados que você; com isso se quer dizer saudar com gratidão aqueles que lhe auxiliaram. Um *yogue* indiano pensará nos instrutores espirituais do passado e no seu próprio instrutor (guru). Adapte essa ideia à sua própria filosofia de vida. Você pode pensar em Deus num sentido amplo como o Criador ou como um Deus pessoal; ou pode pensar num Princípio completamente impessoal, o Deus da Lei Imutável; ou

---

* RAM, Sri. *Pensamentos para aspirantes ao caminho espiritual*. Trad. Pedro Oliveira. Brasília: Teosófica, 2 ed. 2017. (N.E.)

pode pensar no Uno corporificado no próprio ser humano:

Ele está mais perto de você que a respiração e mais próximo do que os pés e as mãos.

Isso é para saudar seu próprio princípio superior, *Ātman*, o Eu que é uno com o Eu Universal.

Escolha seu próprio método de saudar AQUILO com espírito de reverência, gratidão e devoção.

Medite sobre o tema principal escolhido para o dia: pode ser uma virtude, uma qualidade para a construção do caráter, uma citação, uma ideia com conteúdo espiritual ou qualquer tema de caráter elevado. Foram feitas sugestões ao longo das lições, e anteriormente nesta lição.

A meditação pode levá-lo a um estado de contemplação, *samādhi*, em que você estará além do pensamento, terá atingido o que pode ser melhor descrito como iluminação sobre o tema de sua meditação. Permaneça aí muito ou pouco tempo conforme o caso; o tempo deixa de ter importância nesse estado.

Irradie a bênção que recebeu para o mundo. Durante a meditação você se cercou da atmosfera do tema da meditação, refinado e purificado, livre do apego pessoal. Permita que essa atmosfera difunda-se sobre o mundo.

Conclusão. Permita à consciência retornar aos veículos inferiores, trazendo consigo a inspiração que você recebeu. Faça algumas respirações profundas e retorne à plena consciência, alerta, calmo, livre das limitações dos desejos mundanos.

Diga para si mesmo: encaro o dia com equanimidade.

Contemplação (*samādhi*)

Esse é o estágio final. Não é preciso que toda meditação termine em *samādhi*. A meditação sem *samādhi* é valiosa para a construção do caráter, para o despertar da intuição, para a busca de iluminação ou orientação, e para ajudar os outros. Não se sinta como se sempre tivesse que atingir o estágio de contemplação.

O *samādhi* surge mais frequentemente quando menos se espera. Se você lutar para atingi-lo, então a perturbação da mente devido à luta fará com que ele escape. Alguns temas prestam-se melhor a este estágio final, particularmente temas associados ao Eu ou aos Universais.

Isso nos faz reconhecer que os últimos três estágios no *Rāja Yoga* são na verdade um: concentração, meditação e contemplação fundem-se um no outro, de maneira imperceptível. À medida que progride na prática você deve começar a deixar para trás as distinções. Não se pergunte, eu estou me concentrando? Estou meditando? Simplesmente conduza sua mente ao longo da jornada, levando-a das coisas mundanas inferiores para os reinos superiores,

        do irreal para o real,
        das trevas para a luz,
        da morte para a imortalidade,
        (do tempo para o Eterno),

e não tente analisar como está cumprindo a jornada.

TÍPICA PRÁTICA DIÁRIA DE *RĀJA YOGA*

A seguir damos uma sugestão que você pode transformar em rotina diária própria. Para o estágio de meditação você pode substituir qualquer dos exemplos (I, II, III ou IV) dados anteriormente nesta lição, ou qualquer modificação dos mesmos que se adapte ao seu temperamento. O ponto importante a ser lembrado é que nossos veículos são criaturas de hábitos, e que, portanto, será útil que você encontre uma forma de meditação que lhe convenha, e que se atenha a ela.

Ao despertar, faça alongamento e algumas respirações profundas, lembrando-se de que tem um dia pela frente, que será preenchido com atividade agradável. Você deve então poder levantar-se sem relutância.

Após a atenção dispensada à higiene, como foi sugerido na lição 1 (p. 21), retire-se para o local escolhido para seus exercícios matinais de Yoga. Esse local deve estar confortavelmente aquecido. Depois faça o seguinte, sentado na postura que escolheu, exceto para o exercício de relaxamento e a respiração básica:

(1) **Comportamento**. Lembre-se de um dos dez comportamentos. Sugere-se que você escolha uma autorrestrição durante uma semana, depois uma autodisciplina na semana seguinte, e na próxima uma autorrestrição, e assim por diante até cobrir os dez comportamentos em dez semanas. Repita isso a cada dez semanas. Essa recordação do código de comportamento requer apenas 1 ou 2 minutos.

(2) **Postura de Relaxamento** (lição 1, p. 23) na posição dorsal (deitado de costas). Isso pode requerer de 3 a 4 minutos.

(3) **Respiração Básica** (lição 1, p. 24) também na posição dorsal: seis respirações, digamos de 1 minuto. E então assuma a posição sentada de sua preferência, certificando-se de manter o peito, os ombros e a cabeça eretos e faça o seguinte:

(4) **Respiração Profunda Regular** (lição 3, p. 35) com quatro a cinco inspirações plenas por minuto, o que equivale dizer 7 segundos inalando, 7 segundos exalando. Faça isso durante seis respirações completas, digamos de 1-½ minutos. A *Respiração de Fole* (lição 4, p. 41) pode ser praticada aqui se você tiver tempo, mas não é essencial. Os itens acima, (1)-(4), deverão durar de 8-10 minutos. Agora siga imediatamente para a meditação que automaticamente irá incluir a restrição dos sentidos assim que você começar.

(5) **Meditação** (concentração, meditação e contemplação). Aqui você começará com as sequências programadas sugeridas, I, II, III, e IV, e com alternativas que você pode elaborar por si próprio. Eventualmente você irá estabelecer-se na sua escolha final. Planeje 20

minutos para este estágio de meditação, perfazendo um total de 30 minutos para a *prática matinal do Yoga*.

Você pode querer incluir o item (1), Comportamento, na meditação. Nesse caso, faça-o no início: logo antes da invocação em I ou III, antes da preparação em II, imediatamente antes do tema principal em IV ou transforme-o no tema principal.

Lembre-se de que o *Rāja Yoga* não é apenas uma prática de uma vez ao dia; é um modo diuturno de viver. A intervalos durante o dia lembre-se das várias ideias elevadas fornecidas ao longo deste curso.

Ao final do dia é uma boa ideia rememorar as atividades diárias para ver onde poderia ter-se comportado mais de acordo com os elevados ideais do *Rāja Yoga*. Essa rememoração não deve ser autodeprecatória do passado, mas uma inspiração para o futuro.

A SENDA

Referências à Senda, ou ao Caminho são encontradas na maioria das escolas de treinamento para o desenvolvimento espiritual. Na Índia, o costume é que o aspirante encontre o instrutor, o guru, que irá guiar seus passos ao longo da senda rumo à iluminação espiritual. O discípulo ou aluno é chamado de chela. O que resultou na expressão 'a senda do discipulado' ou 'chelado'.

Uma das mais antigas metáforas para o crescimento da alma é referir-se ao 'progresso ao longo da senda'.

No Cristianismo encontramos expressões tais como:

> Estreita, porém, é a porta e apertado o caminho
> que conduz à Vida. E poucos são os que o encontram.
> (Mateus, 7)

> Sou o Caminho, a Verdade e a Vida:
> Ninguém vem ao Pai a não ser por mim.
> (João, 14)

Ensinar-me-ás o caminho da Vida.
(Salmos, 16)

Participe da corrida em linha reta através da boa graça de Deus,
Cristo é o caminho.
(Hino de J. S. B. Monsell)

Os budistas falam do Nobre Caminho Óctuplo e do 'final da Senda' como o limiar do *Nirvāna*.

Na filosofia religiosa da China, o Taoísmo, a palavra *Tao* é diferentemente traduzida como o Caminho, a Senda, Razão, caminhando com passos medidos no caminho da inteligência. 'Se eu tenho conhecimento e fé resoluta, caminharei no Grande *Tao*' (*Tao Te-King*).

As citações seguintes da literatura teosófica dão um claro significado da 'Senda':

> *A Senda*. O Caminho Espiritual ensinado em todas as grandes religiões, através do qual o ser humano pode mais rapidamente desabrochar os poderes espirituais tidos como latentes dentro de si. Consegue-se isso pelo processo paradoxal de se retirar para o interior e avançar resolutamente para o exterior, o que significa que à medida que se move nas profundezas de sua própria consciência ele descobre poderes e forças que são então projetadas no ambiente como agentes construtivos para o bem, a verdade e o belo. A Senda recebe diferentes nomes, tais como: Senda da Perfeição, Senda da Perfectibilidade, Caminho da Santidade, Caminho da Salvação, da Libertação, etc. Considera-se que eventualmente toda humanidade deverá trilhar a Senda.
> (*Key Words of the Wisdom Tradition*, L.J. Bendit)

A Senda. A Senda está dentro de você. Não existe outra passagem para você individualmente senão a senda que leva sempre para o interior rumo ao seu próprio deus interno. O caminho de outra pessoa é o mesmo; mas não é o seu caminho, porque o seu caminho é o seu Eu, assim como para outro o caminho é o Eu dele; e contudo, maravilha das maravilhas, mistério dos mistérios, o Eu é o mesmo em todos. Todos trilham o mesmo caminho, mas cada homem deve trilhá-lo por si próprio, e ninguém pode trilhá-lo por outro; e este caminho leva a um esplendor inexprimível, a uma inefável expansão de consciência, a uma impensável bem-aventurança, a uma perfeita paz.

(*Occult Glossary*, G. De Purucker)

Tal é a meta do verdadeiro *Rāja Yoga*. O Instrutor que deve guiar nossos passos é o nosso próprio Eu Superior, o Deus interno.

Tu próprio és o objeto de tua busca.
(*A Voz do Silêncio*, H. P. Blavatsky)*

---

* BLAVATSKY, H. P. Brasília: Teosófica, 2012. (N.E.)

Informações sobre Teosofia e o Caminho Espiritual podem ser obtidas na Sociedade Teosófica no Brasil no seguinte endereço: SGAS, Quadra 603, Conj. E, s/nº, L2 Sul, Brasília-DF - 70200-630. Fone (61) 3226-0662. Também podem ser feitos contatos pelo e-mail secretaria@sociedadeteosofica.org.br ou no site www.sociedadeteosofica.org.br.

(61) 3344-3101
papelecores@gmail.com